奇奇怪怪的科学

[日]左卷健男 主编　王倩倩 译

北京时代华文书局

本书角色介绍

在这本书里,这些小伙伴会一直陪伴着你。他们会嘀咕,会吐槽,会告诉你许多有用的知识。下面是小伙伴们的角色介绍。

鼓励狗

鼓励狗心地善良。对一点点闪光之处,他也会给予热情的赞美。

> 这世界上没有我不知道的事情!啾啾!

> 活着就很伟大!汪汪!

鸟博士

鸟博士无所不知,会教给我们许多知识。他最大的魅力在于谈吐文雅,懂礼貌。

轻松猫

轻松猫生活轻松随意,只要有饭吃就很满足,不在意小事。

> 不在乎,才是最高境界。喵喵!

> 什么鬼!

吐槽海胆

吐槽海胆语言犀利、尖锐。他可不光是外表带刺!

今天也有
科学川柳
五、七、五

诗人柳

不管什么内容,诗人柳都能按照"五、七、五"顺序写成"川柳"诗。为了寻找作诗灵感,他可能出现在任何地方。

① 川柳:川柳是日本的一种诗歌形式,一首诗17个音节,按"5、7、5"的顺序排列。——译者

目录

1 遗憾的科学

什么是"遗憾的科学"呢？—002

在日本也能看到极光 —004

1日元硬币和蓝宝石成分几乎相同 —006

肉太新鲜，反而不好吃 —008

砸碎钻石很容易 —010

熊虫天下无敌，但很容易死 —012

木星如果够重就能变成太阳了 —014

台风看起来巨大，实际很扁 —016

屋里吹电风扇温度反而上升 —018

竹林的竹子100年开一次花之后全部枯死 —020

好多生物命名跟闹着玩儿似的 —022

常识小百科 容易被混为一谈的×× —024

"三秒定律"是假的 —026

定义变化，有颗行星不幸被除名 —028

朝霞不出门 —030

洋葱虽然甜，但辣味更重 —032

水也可能导致火灾 —034

口香糖绝对输给巧克力 —036

长颈鹿1天只睡1小时 —037

001

科学家不为人知的遗憾 ①

遗憾时人不能与之共识！

孟德尔 —038 ／ 波特 —039 ／ 二宫忠八 —040

2 轻松的科学

什么是"轻松的科学"呢？ —042

南极虽然冷却呼不出白气 —044

粪便有一半是细菌和它们的尸体 —046

不坐宇宙飞船，乘电梯也能上太空 —048

和南极比，北极还算暖和 —050

蝴蝶和蛾其实没有很明显的区别 —052

鼻屎里发现特效药？ —054

嘴里的细菌比厕所马桶圈的还多 —056

泡温泉皮肤滑滑的是因为皮肤表面溶解了 —058

常识小百科 宇宙中那些令人遗憾的事 —060

闻到大便的臭味就已经吸入大便微粒了 —062

冰激凌的三分之一是空气 —064

每天分泌的口水能装满两个矿泉水瓶，从嘴里喷出来也能理解 —066

"吹气"和"哈气"出来的气体温度相同 —068

森林里的蟑螂比家里多得多 —070

骨骼不断生长，也不断被吞噬 —072

菌类里也有"墙头草" —074

牛粪闻着有香草的香味 —076

萤火虫发光是为了告诉大家："我很难吃" —078

人的身体里到处都是菌 —080

"落叶地毯"其实是树尿出的"尿" —082

加工食品上的红色是从虫子身上提取出来的 —083

白熊剪掉毛后变成黑熊 —084

喷嚏的气流速度比汽车还快 —085

暖和的地方也有企鹅 —086

到了青春期，女生也会变声 —087

科学家不为人知的遗憾 2

明明如此努力研究，却不被承认！

胡克 —088 ／ 法布尔 —089 ／ 巴斯德 —090

3 无用的科学

什么是"无用的科学"呢？ —092

鸟儿停在电线上可能会触电 —094

叶子落光，樱花会误以为春天到了 —096

身体的生理活动常常由不得你 —098

马只靠中指站立 —100

年纪大的人眉毛很长是因为眉毛忘记脱落了 —102

鲱鱼交流靠放屁 —104

两个鼻孔中总有一个在休息 —106

蜥蜴的尾巴可以再生，但长出来的不再完美 —108

食肉动物很难直接看到后面 —110

常识小百科 我们对身体的误解 —112

鸟类的大便和小便一起出来 —114

只靠一棵苹果树无法结果 —116

蜜瓜的网纹是"肥胖纹" —118

有的鱼不擅长游泳 —120

狗被归为猫的同类 —122

常识小百科 不同寻常的星星和星座 —124

山羊一天 15 个小时在吃饭 —126

马铃薯的果实与西红柿相似 —128

小丑鱼以"大小"定性别 —130

乌龟太胖就缩不回龟壳里了 —132

蟑螂无法向后退 —133

兔子不啃木头牙会不停地生长 —134

宇航员们在宇宙"喝尿" —135

遇到危险时水蚤会伸出触角，但需要 1 天的时间 —136

花生不落到土里结不出果实 —137

科学家不为人知的遗憾 ③

不被当世理解的遗憾！

阿基米德 —138 ／伽利略 —139 ／诺贝尔 —140

4 痛苦的科学

什么是"痛苦的科学"呢？ —142

太空探测器发射到宇宙后**不再返回地球** —144

灯塔水母**不老不死**，但也不强大 —146

无籽葡萄可能以为自己**有种子** —148

人类现在可以上太空，**却还无法到地球中心去** —150

病毒没有确切的分类 —152

幸运的四叶草可能是**被踩出来的** —154

常识小百科 有些可怕的科学知识 —156

月亮离我们比你想象的**还要远** —158

你现在看到的**星星可能已经消失了** —160

地球刚诞生时**1天只有5小时** —162

还有很多生物**尚未被发现** —164

从宇宙的角度看，地球被**垃圾覆盖** —166

有的虫子成年后**不再进食，直到死去** —168

永远无法到达**宇宙的尽头** —170

把瓢虫放到跷跷板上，**它也永远飞不起来** —172

时空穿梭机可以穿越到未来，**但无法回到过去** —173

有的生物**一辈子只有三天** —174

金枪鱼停下**就会死** —175

科学家不小心的大发现

固特异 —176 ／弗莱明 —177 ／屋井先藏 —178

搞笑诺贝尔奖获奖作品 —179

005

阅读指南

本书以轻松的口吻讲述科学知识，用简单的文字回答"最奇怪"的问题。

❶ ××到什么程度？

每一章节题目后都附着分级仪表盘，有5个程度用来表示"××到什么程度"。

❷ 学科分类图标

为了便于理解，每个题目都被归类到以下五个学科中。

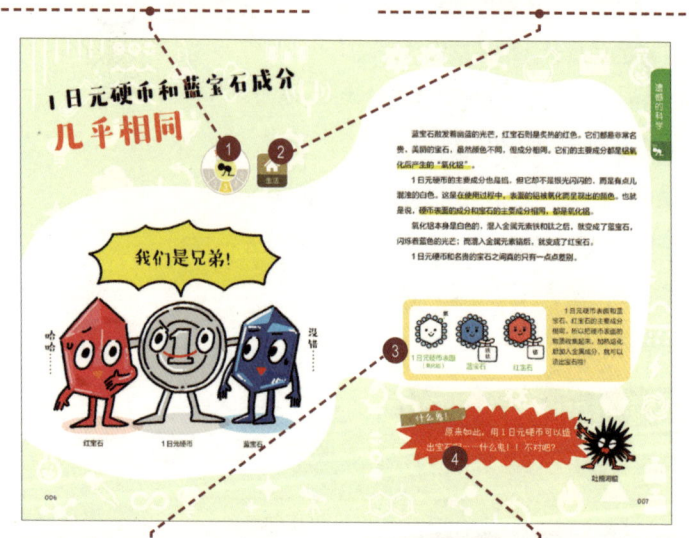

生活　生物　人体　自然　天文

❸ 详细说明

插图和文字结合，解释现象背后的原理。

❹ 角色评语

五个角色（详情参见"本书角色介绍"）告诉大家一些小知识，偶尔会吐槽！

1 遗憾的科学

什么是"遗憾的科学"呢?

遗憾、不甘心、可惜……让你了解后会后悔的科学。

反正就是遗憾呗。喵!

更有甚者,在"遗憾"中饱含着"不甘心"。

遗憾之情
心中藏之
一切向前看

心中有遗憾才会更努力。汪!

什么不甘心,要是我,绝对一拳揍飞!

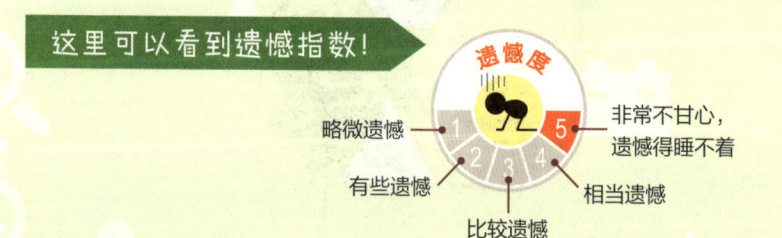

这里可以看到遗憾指数!

遗憾度

略微遗憾 — 1
有些遗憾 — 2
比较遗憾 — 3
相当遗憾 — 4
非常不甘心,遗憾得睡不着 — 5

这些小知识让人遗憾？！

自然

罕见的
极光 —004

看似坚硬的
钻石 —010

看似强大的
台风 —016

竹子开花
见证奇迹的时刻 —020

灿烂的
朝霞 —030

生物

无敌的
熊虫 —012

生物的
命名 —022

长颈鹿
的睡眠时长 —037

天文

巨大的
木星 —014

被踢出"太阳系九大行星"的
冥王星 —028

生活

美丽的
蓝宝石 —006

新鲜的
肉 —008

本该降温的
电风扇 —018

辛辣的
洋葱 —032

这样竟然会发生的
火灾 —034

003

在日本
也能看到极光

遗憾的科学

在地球的北极和南极附近,夜间有时会出现美丽灿烂的极光。你可能打算这辈子一定要去看一次。但实际上,在日本也可以看到极光。

为什么北极和南极更容易看到极光呢?我们可以把地球看作一块巨大的磁铁,则地球的地磁北极是指南极,地磁南极是指北极。

来自太阳的粒子流(主要是带电粒子),被地球的南北极导引带进地球大气层,与大气碰撞产生极光。

当然,南北极是最容易看到极光的。不过大约每5年会有1次较大规模的极光,此时可以看到极光的地区就包含日本。在日本北海道等北部地区,漆黑的夜空也可能出现模糊的光芒。

一般的极光仿佛披在夜空上的绿色或粉色纱帘,而在日本看到的极光则略有不同。

一般的极光
北极
在日本看到的极光
北海道

当太阳活动频繁时,会出现较大规模的极光哟!极光的颜色由上至下为红色、绿色、紫色、粉色。在日本只能看到靠上的部分。

鸟博士小课堂

极光的颜色由被撞击大气的氧、氮含量决定。

鸟博士

1日元硬币和蓝宝石成分几乎相同

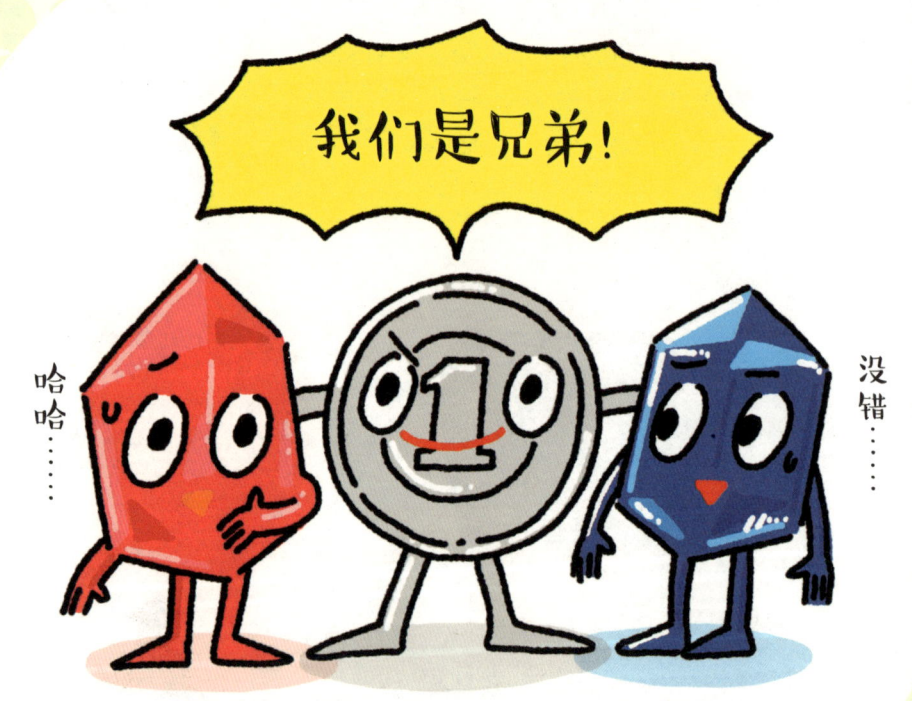

遗憾度 3

生活

> 我们是兄弟!

哈哈……　　　没错……

红宝石　　　1日元硬币　　　蓝宝石

遗憾的科学

　　蓝宝石散发着幽蓝的光芒，红宝石则是炙热的红色。它们都是非常名贵、美丽的宝石，虽然颜色不同，但成分相同。它们的主要成分都是铝氧化后产生的"氧化铝"。

　　1日元硬币的主要成分也是铝，但它却不是银光闪闪的，而是有点儿混浊的白色。这是在使用过程中表面的铝被氧化而呈现出的颜色。也就是说，硬币表面的成分和宝石的主要成分相同，都是氧化铝。

　　氧化铝本身是白色的，混入金属元素铁和钛之后，就变成了蓝宝石，闪烁着蓝色的光芒；而混入金属元素铬后，就变成了红宝石。

　　1日元硬币和名贵的宝石之间真的只有一点点差别。

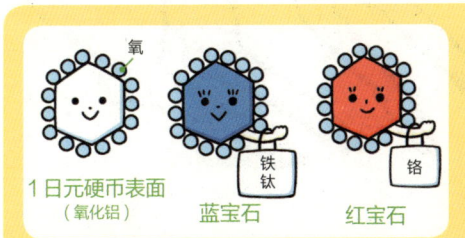

| 1日元硬币表面
（氧化铝） | 蓝宝石
铁钛 | 红宝石
铬 |

1日元硬币表面和蓝宝石、红宝石的主要成分相同，所以把硬币表面的物质收集起来，加热熔化后加入金属成分，就可以造出宝石啦！

什么鬼！

原来如此。用1日元硬币可以造出宝石啊……什么鬼！！不对吧？

吐槽海胆

007

肉太新鲜，反而不好吃

> 糟了！肉变硬了！

啊呜

生活

遗憾度

猫猫名言

既然要吃，就要趁食物好吃的时候吃它！

——轻松猫

遗憾的科学

> 再等等，一会儿更好吃！

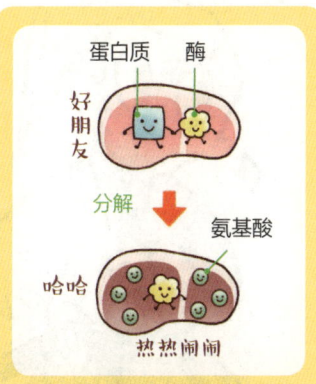

虽然我们常说"新鲜的食物最好吃"，但牛肉、猪肉、鸡肉、羊肉、鹿肉等动物的肉可不是越新鲜越好吃。

动物死后，肌肉不再运动，静止一段时间后身体就会变硬。牛死后一天，猪死后半天，身上的肉最硬。

再过一段时间，肉中含有的酶会使肉再次变得柔软、美味。市场里卖的肉类，都是动物被处理后低温保存，待肉重新变软才卖给顾客。比如牛肉，一般要低温保存7～10天才能拿出来卖。

话虽如此，放得时间太长也不行。肉美味的时间很短暂，要好好珍惜哟！

肉中含有的酶将蛋白质分解为氨基酸。氨基酸有鲜味，肉自然柔软、鲜美。

砸碎钻石
很容易

遗憾度 5

自然

锤……锤子!
会被砸碎吗?!

嘿嘿……来试试啊!

锤子武士

钻石武士

钻石是一种名贵宝石，在天然矿物中的硬度最高。只要用钻石在玻璃上稍微割一下，就能轻易留下划痕。切割岩石或混凝土的设备也会用到钻石粉。

它如此坚硬，却有两个弱点。第一是怕"高温"。在空气中，钻石被加热到1100℃时会燃烧转化为气体（二氧化碳），消失不见。

第二是怕"砸"。其实钻石很容易崩裂。刀很难割开钻石，但如果用锤子使劲儿砸几下，钻石很可能就被砸碎了。

钻石虽然坚硬，却很容易被砸碎，因为它本身脆性大，晶体结构的"联系力"较弱。翡翠比钻石便宜很多，但它却比钻石难砸碎得多。

钻石的结晶形状就像把两个金字塔放在一起。如果某一面受力呈剥落式裂开，结构被破坏，整个钻石就会粉碎。

没有划痕　　裂开

鸟博士小课堂

1100℃算是极高的温度了，但在一般明火中钻石不会消失。

鸟博士

011

熊虫

天下无敌，但很容易死

遗憾的科学

在苔藓或者湿润的落叶堆等地方，你会发现熊虫的身影。它们大小为 1～2 毫米，身体矮墩墩的，好像小熊一样。

熊虫平时生活在潮湿的环境中。如果生存环境缺乏水分，它的身体就会干燥、萎缩，缩成一团，进入休眠状态。这就是它的"无敌模式"。

熊虫进入"无敌模式"后，可以承受 150℃以上的高温或 -150℃以下的低温，甚至在真空的宇宙中也能存活。它一直沉睡着，什么都不吃，可以活 10 年左右。

可是，在水分充足的环境下，它的寿命只有 1 个月到 1 年左右。熊虫很容易被压死，一些昆虫和蜘蛛也爱吃它。所以它又是一种很弱小的动物。

| 周围有水分 | 水分消失 | "干眠"状态 |

熊虫身体干燥、萎缩，缩成一团，进入"干眠"状态。它萎缩后一动不动，仿佛死了似的。其实往它身上泼点儿水，它就能恢复原状。

熊虫干燥后
是强者
也是弱者

诗人柳

013

木星如果够重
就能变成太阳了

成绩单

氢　氦　重量

木星　太阳

猫猫名言

木星不当太阳也很美！喵喵！

轻松猫

太阳是恒星，一种自身可以发光的天体。它的表面不像地球覆盖着坚硬的地表，而是由氢气和氦气这样轻盈的气体组成。

木星是一颗围绕太阳运转的行星。它和太阳的成分基本相同，那么木星为什么没有像太阳一样发光呢？

原因是它们的大小和重量完全不同。太阳的大小（直径）大约是木星的10倍，重量大约是它的1000倍。

在巨大而沉重的太阳内部，氢的原子核不断碰撞、聚合而产生巨大的能量。我们的太阳因此发出耀眼的光芒。

木星比太阳小得多，氢的原子核无法碰撞、聚合。如果木星再大一些，可能也是一颗太阳啦。可惜了啊！

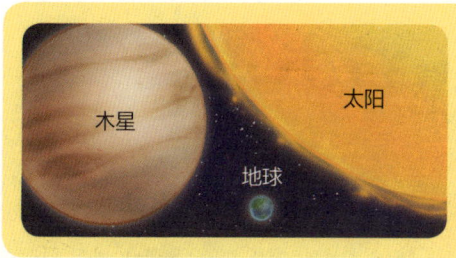

木星虽说比太阳小，但直径是地球的11倍左右。在围绕太阳转动的行星中，它是最大的。太阳因为体形特别大，所以能发光。

台风看起来巨大，实际很扁

遗憾的科学

　　台风天时，在电视播放的天气预报里是不是可以看到日本上空覆盖着巨大的旋涡状云层？

　　从上空俯视台风，直径可达 1200 千米（相当于日本东北部的宫城县到九州的鹿儿岛县的距离）。台风变大后，中心会形成一个旋涡，也就是"台风眼"。

　　那么从侧面平视的话，会是什么样子呢？台风的高度只能达到 12 千米，高度和它的横向直径相差 100 倍。

　　日常生活中，也会看到这样形状的物品，比如呈环状的 CD。CD 中间的孔就相当于台风眼。

　　台风虽然扁到惊人，但还是很可怕的哟。

看起来很大　　　　其实很扁

从上方看　　从侧面看

日本南部温暖海域上空的云层孕育了台风。云层所在之处不高，因此即使风势巨大，台风也不会纵向延伸太多，而主要是横向扩展。

汪汪加油站

台风君那么扁还这么厉害！汪汪！

鼓励狗

017

屋里吹电风扇
温度反而上升

生活

宝贝儿,我已经离不开你啦!

好凉快!

不对,不对……屋里的温度反而上升了。

注意!

遗憾的科学

炎热的夏天，吹着电风扇，身上的汗马上消失了，是不是很凉快？但实际上开着电风扇，屋里的温度反而会升高。

电风扇的扇叶"呼呼"地转动，吹出风来。它只是搅动了屋里的空气，室内温度并不会下降。电风扇的发动机靠电运转散发热量，房间里的温度因此上升。

那么，我们为什么会感到凉快呢？那是因为我们身体表面的汗液遇到风后蒸发带走了身上的热量。另外，电风扇吹出的风还会带走身体周围的热空气。

如果在开着的电风扇前吃冰激凌，冰激凌很快会融化。因为冰激凌周围的冷空气不断被带走，热空气不断补充进来，自然融化得快。

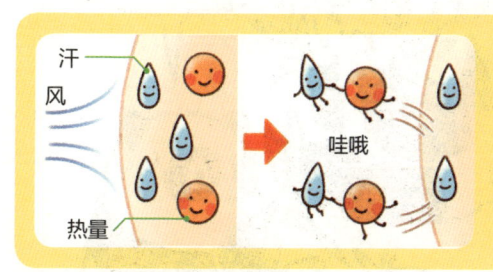

汗水（水分）遇风蒸发加快，带走了身体的热量。夏天，往院子里或马路上洒水，我们感觉就会变凉快，也是一样的原理。

鸟博士小课堂

液体蒸发时从周围吸收热量，这叫作"蒸发热"。

鸟博士

竹林的竹子
100年开一次花之后
全部枯死

遗憾度 2/5

自然

哇！开花啦！！

快、快！赶紧多吃点儿！

哎呦喂！你快点儿吃吧！

遗憾的科学

大家都知道，竹子是熊猫最喜欢的食物。它和稻子是近亲，生长速度非常快，最高纪录1天长1米多长。竹子的寿命也相当长，平均寿命可达20年左右。

你知道竹子也会开花吗？如果能目睹竹子开花，那是非常幸运的。毕竟，竹子60～120年才开1次花。竹子开花也预示着它即将枯萎。

一根地下茎（在地下生长的茎）可以长出许多根竹子。所以花开过后，同一根地下茎长出的竹子会一下子全部枯萎。有时候，整片竹林甚至会全部凋零。花于死亡之时绽放，留下种子，是不是既悲伤又浪漫？！

竹子的地下茎生长很快，1年可生长5米长。大部分地下茎在3～4年后可长出竹笋，之后逐渐减少。

竹子开花
百年一遇
大有作为

诗人柳

好多生物命名
跟闹着玩儿似的

生物

你是老鼠?

才不是,人家是猴子!我一看你的名字就知道,你身上肯定光溜溜的吧?

散光毛蟹

才不是!我有毛的!

鼠狐猴

遗憾的科学

"鼠狐猴"是老鼠，是狐狸，还是猴子？"散光毛蟹"身体光溜溜的，还是毛茸茸的？其实许多生物的名字都很奇怪，光看名字会令人摸不着头脑。

科学家为生物命名，一般把特征放在前面。脸长得像狐狸的猴子就命名为"狐猴"，其中有一种狐猴体形和老鼠差不多，就命名为"鼠狐猴"。

同样，身上毛茸茸的螃蟹就命名为"毛蟹"（毛很多的螃蟹），有一种螃蟹很像毛蟹，只是身上毛比较少，摸着手感光溜溜的，就命名为"散光毛蟹"。

还有一种乌贼有八只触手，科学家将其命名为"章鱼乌贼①"。如果你感兴趣，可以查阅一下书籍，有不少生物的命名像闹着玩儿似的。

①章鱼乌贼：中文名"北方拟黵乌贼"，头足纲，黵乌贼科。幼年时有十条腕，成年后两条触腕退化。章鱼有十条腕，乌贼有八条腕。——译者

| 毛蟹 | 散光毛蟹 |

其实，散光毛蟹并不是毛蟹，而是另外一个种类的蟹。但是因为发现之初就是这么命名的，以后再修改就很难了。

什么鬼！

"吐槽海胆"这名字，起得也跟闹着玩儿似的好不好！

吐槽海胆

023

常识小百科

容易被混为一谈的 ××

在本栏目中，我们为大家介绍实际不同类，却常常被混为一谈的生物。

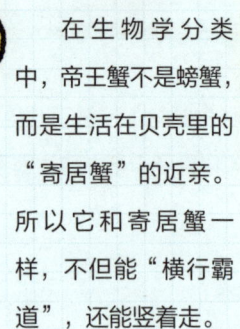

其实……

帝王蟹不是螃蟹，而是寄居蟹的近亲

在生物学分类中，帝王蟹不是螃蟹，而是生活在贝壳里的"寄居蟹"的近亲。所以它和寄居蟹一样，不但能"横行霸道"，还能竖着走。

其实……

乌贼的脚不是10条，而是8条

乌贼的触手里有两条特别长的叫作"触腕"，是胳膊的一种。触腕上分布着吸盘和锯齿状的钩子，可以轻松捕捉猎物。

（有时候会把10条触手都称为"脚"或"腕"）

其实……

绣球花的"花瓣"
不是真的花瓣

绣球花像花朵一样绽放的"花瓣"并不是真正的"花瓣"，而是"花萼"。真正的花瓣较小，在花萼下面开放。花朵也有时长在正中间。

真正的花在这里哟！

花萼

其实……

鬣狗没有那么狡猾

给我！

很多人认为鬣狗像强盗，喜欢"打劫"其他的动物的猎物。其实它们更爱"亲力亲为"，有时自己狩猎的食物反而惨遭狮子"打劫"。

"三秒定律"是假的

3秒内出局！！！

获胜选手

啪！

生活

遗憾的科学

有这么一种说法：食物掉落，三秒之内捡起来就是干净的，还能吃，俗称"三秒定律"。还有一些国家有"五秒定律"，比三秒稍微长一点儿。掉落的食物马上捡起来，真的能吃吗？

实际试验后发现，无论是三秒还是五秒内捡起来，食物掉落后就不能吃了。只要食物掉落接触到细菌，那些肉眼无法看到的细菌会瞬间转移到食物上。

滑溜溜的不锈钢或瓷砖，表面看起来比地毯干净，但食物掉在上面也会立刻沾上不少细菌。

如果食物表面比较潮湿的话，掉落后沾到的细菌会更多。

有些细菌少量进入人体就能致病，所以不要吃掉落的食物了。

饼干掉到印台上，立刻被染色。细菌也是一样，一秒内就能转移到掉落的食物上，所以就别吃掉了的食物啦。

猫猫名言

掉地上的食物吃不了。可怜的人类啊。喵！

轻松猫

027

定义变化，
有颗行星不幸被除名

遗憾度 3

天文

我们是太阳系八大行星！

不久之前，我还在这个团体里……

冥王星

遗憾的科学

大家对冥王星都不会太陌生。它位于海王星外侧，很长一段时间一直被定义为一颗太阳系的"行星"[①]。

但是，2006年国际天文学联合会变更了太阳系行星的定义，因此冥王星不再是"行星"，而被划为"矮行星"。

目前太阳系行星的定义主要包含三个特征：围绕太阳运转、呈圆球状、远远大于附近天体。

冥王星之所以被除名，主要因为第三条。不久前，在距冥王星稍远的地方，科学家们发现了阋神星，它和冥王星质量差不多。此后，科学家们又接二连三地发现与冥王星差不多大小的天体，冥王星自然就不符合"远远大于附近天体"这个特征了。

随着科学技术的进步，我们对宇宙的观测会更加精确，或许到时候定义又会改变？！

太阳和围绕它运转的星星组成了"太阳系"。太阳系有"八大行星"。冥王星比月球还小。它当初能当上行星或许是靠奇迹？！

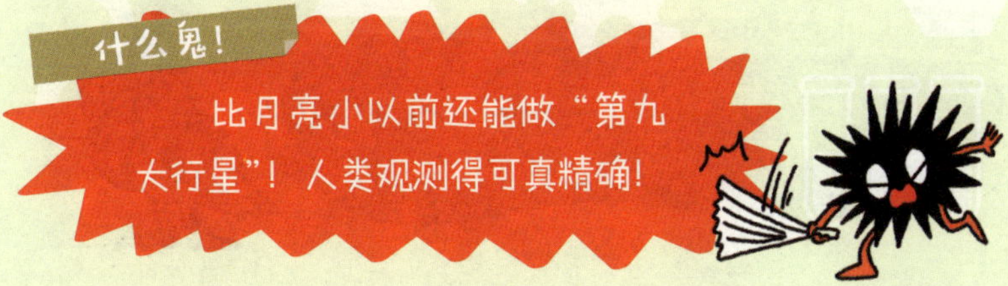

什么鬼！
比月亮小以前还能做"第九大行星"！人类观测得可真精确！

吐槽海胆

[①] 太阳系行星指环绕太阳公转且足够大的天体。

朝霞不出门

今日天气

光芒万丈?!

啊

鸟博士小课堂

飞机云没有逐渐消失反而变大,说明天要下雨。

鸟博士

早晨起床时，我们有时会看到东边的天空被染得通红，好像晚霞一样。这就是太阳升起时产生的朝霞。

早上如果天空澄澈，你的心情应该会很好，想着："今天真晴朗，又是完美的一天！"

然而，先别高兴得太早。看到朝霞，就说明老天爷有可能要变脸。特别是薄薄的一层云覆盖在天空中时，下雨的可能性就更大了。

天气变化自西向东。天空吹"偏西风"，风向为自西向东。雨云等随着偏西风移动，天气随之变化。所以傍晚若看到灿烂的晚霞，第二天常常是个好天气。

早晨看到东方很明亮，觉得天空晴朗。其实雨云可能正从西边逼近。

洋葱虽然甜，但辣味更重

遗憾度 2 / 生活

我们一样甜 ♥

辣

糖2 糖10 糖10 糖9 糖5

遗憾的科学

吃沙拉里的洋葱时，有没有觉得辣呢？咖喱、炖菜等菜肴中也会放入洋葱，却感觉不到太多辣味。

实际上，==洋葱是一种很甜的蔬菜==。种类不同的洋葱，==甜度也不同，平均甜度约为 10，和草莓差不多==。

不过，洋葱的辣度也很高。用菜刀切洋葱时眼睛会流泪，这是因为洋葱中的辣味成分挥发到空气中，刺激了眼睛周围的神经。生吃洋葱时，我们基本上就只能感到辣味了。

洋葱受热后，辣味成分或被分解，或转化为气体挥发出去，就不怎么辣了，其中的甜味也自然明显多了。

葱、大蒜也含有相同的辣味成分，所以加热后也会变甜。

辣味成分硫化丙烯受热后不再起作用。因此洋葱受热后，我们感受不到辣味，自然就能感受到洋葱本来的甜味。

辣味成分 → 加热后……

鸟博士小课堂

辣味成分也不是一无是处，它有杀菌作用。

鸟博士

033

水也可能
导致火灾

遗憾的科学

发生火灾时，一般用水灭火。不过，有时候灭火的水也可能会变成火灾的元凶。

它还需要一位帮凶，就是太阳。平时我们感受到的阳光，即使有点儿热，也无法引起火灾。如果阳光穿过像放大镜那种中间厚、四周薄的凸透镜，热量汇聚到一点上，温度急剧升高，可以点燃纸片。而水也可以像凸透镜或是放大镜一样汇聚光线。玻璃花瓶、透明鱼缸、塑料瓶等注入水后，整体就可以看作一个凸透镜。所以不要把它们放在阳光下直晒，附近也不要放易燃物品。

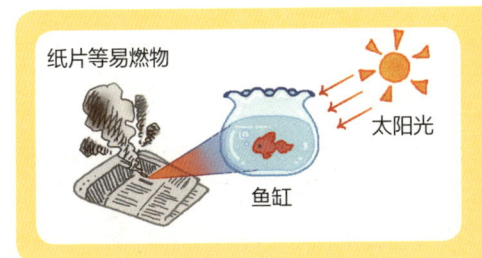

太阳光线透过凸透镜聚集到一点，温度急剧升高，大约1分钟就能点燃易燃物。这种火灾被称为"聚光性火灾"。

纸片等易燃物
太阳光
鱼缸

猫猫名言

莫要惊慌！用鱼缸里的水灭火不就好了。喵！

轻松猫

口香糖绝对
输给巧克力

为了不溶于唾液和水，口香糖以植物中提取的树脂为胶体基础。然而树脂易溶于油中。巧克力富含油脂，将巧克力和口香糖一起含在嘴里，口香糖会一点点融化。口香糖和炸薯条、曲奇一起吃也是一样！

不过，别担心！即使吞下融化的口香糖，对身体也没有多大害处。

在口中
渐渐融化
口香糖消失大法

诗人柳

长颈鹿1天
只睡1小时

遗憾的科学

遗憾度 1

生物

赶紧扑上去，不然它又睡醒啦！

  长颈鹿1天的睡眠时长只有1小时左右。长颈鹿是草食动物，为了抵御狮子等肉食动物，不得不缩短睡眠时间。另外它的体形庞大，要吃大量的树叶才能维持生命，因此进食时间很长，睡眠时间较短。

  长颈鹿大多数情况下都是站着睡，也有时候会变换姿势，弯腿坐下，卷曲脖子，把头靠在身体上睡觉。

猫猫名言

猫每天睡18个小时，和我们比，长颈鹿的一天真够充实的。喵！

轻松猫

科学家不为人知的遗憾 ❶

遗憾时人不能与之共识！

孟德尔

不被科学家认可

你俩长得真像 ♥

格雷戈尔·孟德尔（1822—1884），奥地利牧师，也是一位植物学家，发现遗传定律。

反复而细致入微地进行对比实验

孟德尔的本职是牧师，不过他对数学和植物学很感兴趣，所以在自己的院子里栽种豌豆进行实验。

豌豆们大量发芽，他发现同一种豌豆形状、颜色也不尽相同。于是孟德尔开始研究该现象背后的原因。

于是他将花或豆子颜色不同的豌豆分开培植，仔细记录结果，并反复且细致入微地进行实验。

不被同时代的人理解

他花了8年时间进行这种繁复枯燥的豌豆实验。孟德尔根据实验结果逐渐总结出植物的遗传学定律。可惜他的理论过于超前，不被当时的人所理解，未能引起科学界的重视。孟德尔的牧师身份也是导致科学界不重视其理论发现的原因之一。

直到孟德尔逝世后16年，豌豆实验论文正式出版后的35年，他的遗传定律才被其他科学家重新发现，受到科学界广泛认可。

波特

因为女性身份不被认可

毕翠克丝·波特(1866—1943)，英国儿童读物作家，代表作有《彼得兔》等。

热衷研究蘑菇，却不被认可

波特从小就特别喜欢观察动物和植物，给它们画素描。她对蘑菇等菌类的兴趣尤为浓厚。

31岁时，她总结了之前的研究成果，并发表论文。但没有人赞同，因为那个时代，女性研究者很少。当时的科学界并没有关注论文内容，仅仅因为她的女性身份，就否定了她的研究。

从蘑菇研究者到儿童读物作家

波特因此大受打击，从此失去了研究蘑菇的兴趣。

此后，为了转换心情，她开始创作绘本，出版了"彼得兔系列"。波特优秀的动植物写生能力得以大放异彩。

到了1977年，科学界才正式实现男女平等。

二宫忠八

没人相信他的话

二宫忠八（1866—1936），首先在日本发明"飞行机"，比莱特兄弟①发明的小型飞机还要早。

① 美国著名发明家兄弟，发明了载人飞行器。

受乌鸦飞翔姿势启发

23岁时，忠八看到乌鸦展翅滑翔，没有坠落，心想：是不是不挥动翅膀也能飞翔呢？

这个念头在他的脑中挥之不去，于是他开始热衷于研究飞行器。到了1890年，他完成了"乌鸦飞行器模型"，并试验成功，飞行了10米远。之后他又制作了各种各样的飞行器模型。他对自己的发明越来越有信心："这样人就能飞了！"

不被同时代的人理解

忠八当时还是军人，想要制作出真正能载人的飞行机。1894年，他带着自己的飞行器模型给军方看，希望他们能制造真正的飞机。

不料，军方人士完全不支持他："别胡说了，人怎么可能在天上飞。"后来，莱特兄弟成功试飞了第一架飞机。距离忠八制出模型，已经过去了十多年。

2

轻松的 科学

什么是"轻松的科学"呢?

这种科学说起来其实挺无聊的,不是严肃的知识,反而让人松口气。

> 平时做研究总是要严谨细致,这样的科学对我来说正合适。

> 你就是平时太严肃了。喵!

> 偶尔卸下心中的重担,来,跟我一起深呼吸!汪!

> 一觉醒来
> 今天
> 已经结束了

> 什么鬼!轻松过头了吧!

这里可以看到轻松指数!

轻松度

- 1 略微轻松
- 2 有些轻松
- 3 比较轻松
- 4 相当轻松
- 5 轻松过头,简直站不起来了

这些小知识让人轻松？！

自然

非常寒冷的
南极 —044

实际上温暖的
北极？ —050

美丽的
落叶 —082

生物

美丽的
蝴蝶 —052

麻烦的
蟑螂 —070

臭烘烘的
牛粪 —076

洁白的
北极熊 —084

企鹅
的家 —086

天文

梦想中的
电梯 —048

生活

能让皮肤滑溜溜的
温泉 —058

美味的
冰激凌 —064

红色的
加工食品 —083

人体

大便
的真实身份 —046

鼻屎
大用处？ —054

青春期
变声 —087

043

南极虽然冷
却呼不出白气

这是南极,我不冷,我不冷……奇怪,竟然呼不出白气!

呼!

哆哆嗦嗦　　哆哆嗦嗦

鸟博士小课堂
车在南极雪地行驶时,排出的废气中含有灰尘,所以排气管处有白气。

鸟博士

南极的平均气温约为 –57℃（这里指南极内陆高原）。这么冷的地方，呼出的气体肯定是白色的，你是不是这么觉得？

其实在南极呼不出白气，因为南极的空气实在太纯净了。

一般情况下，天冷的时候，我们呼出气体中的水分遇到低温空气中的灰尘时急速冷却，吸附在灰尘上。灰尘吸附了大量水分形成体积较大的小水滴，也就是我们肉眼看到的白气。

而南极的空气实在太干净了，没有灰尘做核吸附水分，自然也就无法形成白气了。

呼不出白气，你可能误以为那里不冷。在南极，我们呼出的气体水分会在眉毛等地方凝结成冰，再这么继续呼吸一会儿，喉咙和肺都有可能冻伤。

呼出的气体和空气的温度不同，呼出的气体中的水分会在空气中扩散。天冷的时候，水分吸附在灰尘上，越聚越多，就能看到白气了。

粪便有一半是细菌和它们的尸体[1]

轻松度 3

人体

①指去除水分后。

046

头一天吃很多，第二天什么会出来得特别多？当然是大便啦！那么你有没有思考过大便到底是如何产生的？

粪便里最多的物质是水分，约占总重量的 60% 以上；其次是细菌；食物残渣占总重量的 5%。我们吃进去的食物大部分都被身体吸收了。

去除水分后，粪便的一半左右是细菌。不少细菌已经死亡，也有一些活菌。

超过 100 兆个细菌生活在人类的消化系统中。其中大部分细菌都无害，偶尔也会有有害细菌。

有些细菌可是人类的大功臣，它们帮助人类消化食物，调节肠胃状况。

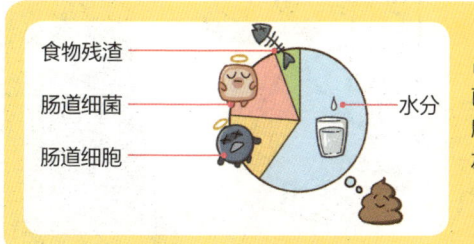

轻松的科学

- 食物残渣
- 肠道细菌
- 肠道细胞
- 水分

粪便的成分为：水分占 60%；排出的肠内细菌和细菌尸体占 15%；从肠道上脱落的细胞占 20% 左右；食物残渣仅占 5%。

什么鬼！

嗯？大便里大部分都是肠子里本来就有的东西嘛！

吐槽海胆

不坐宇宙飞船，乘电梯也能上太空

想遨游太空，一定要当宇航员吗？或者必须由 JAXA 或 NASA[①]选拔、训练，具备了相关知识，乘坐宇宙飞船才能到宇宙吗？

说不定再过个几十年，只要坐电梯就能到太空了，这就是"太空电梯"计划。

虽说名字叫电梯，但和一般高楼里上上下下的电梯还是有点儿区别的。乘坐太空电梯有点儿像沿着缆绳（轨道）坐火车去旅行，终点站是太空。如果太空电梯以日本新干线列车的速度行驶，那么到达人造卫星（静止卫星）需要大约1周时间。

用太空电梯运送人或物品上太空比宇宙飞船安全且成本更低。许多国家、企业以及一些团体正在做这个项目。

轻松的科学

① JAXA 是日本宇宙航空研究开发机构的简称。
NASA 是美国国家航空航天局的简称。

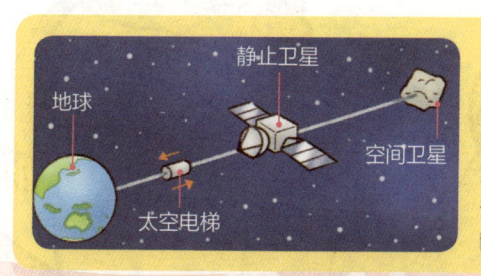

静止卫星距离地球表面约3.6万千米，是宇宙中的"站空间卫星点"。电梯即使以日本新干线列车速度（300km/h）行驶，也需要1周左右才能到达静止卫星。

鸟博士小课堂

目前太空电梯最理想的建造材料叫作"碳纳米管"。它是一种非常结实的材料。

鸟博士

和南极比，北极还算暖和

轻松度 1 2 3 4 5

自然

> 也没听说这里比北极冷啊……
> 海豹君可真厉害……

来，我带你转转！

住在南极的
海豹

平时住在北极的
北极熊

北极和南极都是地球上极为寒冷的地方。北极观测基地年平均气温为 -6.2℃，目前观测到的最低温度为 -42.2℃。

据富士圆顶南极考察站（日本考察站）的观测结果，南极内陆年平均气温为 -54.4℃，最低为 -79.7℃。南极气温竟然和干冰差不多。俄罗斯南极考察站东方站甚至观测到世界最低气温为 -89.2℃。

北极表面覆盖大量冰层，冰层下的海水可以储存一些热量，所以稍微暖和些。而南极冰层之下是陆地，储存热量能力弱，所以更为寒冷。

另外南极海拔较高，因此气温就更低了。富士圆顶考察站比富士山的海拔可高得多了。

北极表面覆盖大量的冰层，冰层下面是海洋。而南极的冰层下面则是陆地。由于水（海水）不容易散失热量，因此比被陆地覆盖的南极要暖和些。

汪汪加油站

无论是南极还是北极，都比日本冷好几倍。太冷了！汪！

鼓励狗

蝴蝶和蛾其实没有很明显的区别

好美的蝴蝶啊!

其实我是蛾子……

曲缘尾大蚕蛾

蝴蝶也好
蛾子也好
都是生命

诗人柳

我害怕蛾子！

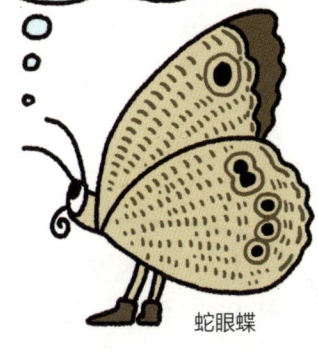

人家是蝴蝶啦……

蛇眼蝶

蝴蝶
区别①停落方式
区别②翅膀
蛾子
区别③触角

蝴蝶的特征有：停落时翅膀竖立并拢；翅膀颜色鲜艳夺目；触角细长等。

蛾子的特征有：停落时翅膀展开平放；翅膀颜色朴素黯淡；触角粗短等。

轻松度 3
生物

日本生活着大约250种蝴蝶，约9000种蛾。其实蝴蝶和蛾子没有太大区别，是属于同一目的生物。不过，在日本，大多数人都把它们当作不同种类的生物对待。

蝴蝶和蛾子有几个区别，比如蝴蝶停下来休息时翅膀竖立并拢，而蛾子则是翅膀展开平放；蝴蝶白天飞，蛾子晚上飞；蝴蝶翅膀鲜艳夺目，蛾子翅膀朴素黯淡；蝴蝶触角细长，蛾子触角粗短等。

不过，其实有的蝴蝶也会翅膀展开平放，有的蛾子也会白天飞，有的蝴蝶翅膀也是朴素黯淡的。所以蝴蝶和蛾子并没有非常明显的区别。

因此在有些国家，并不会太区分蝴蝶和蛾子。比如说在法国，它们都被称作"papillon"。

轻松的科学

鼻屎里发现特效药？

人体

这个发现将会震动整个科学界！你在哪里发现它的？

从我鼻子里发现的！

你有没有思考过我们的鼻子到底有什么用呢？你肯定心里嘀咕："废话，鼻子当然是用来呼吸的。"其实除此以外，它还有一个重要的作用——那就是防止尘粒和细菌进入人体内。

鼻纤毛吸附外界的尘粒，防止其进入体内。鼻黏膜则会黏住细菌并杀死它们。细菌的尸体、尘粒、黏膜细胞合在一起，就形成了"鼻屎"。

最近，科学家们发现鼻黏膜上的"居民"有益菌拥有神奇的力量。用这种菌制作药物（抗生素）可以杀死有害细菌，而且对于一些药物无法消灭的病菌，这种药物也有奇效。

如此神奇的有益菌，现在你的鼻屎里可能就有。

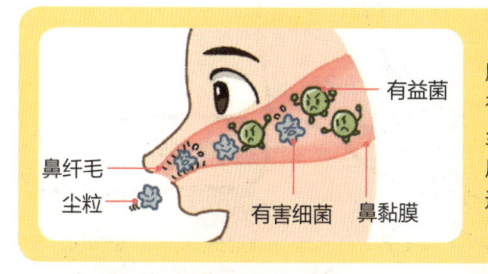

轻松的科学

在鼻腔深处，人体细胞和有益菌团结一致大战有害细菌。它们的尸体和尘粒等形成了干干的鼻屎，所以鼻屎是曾经发生过战斗的证据。

鼻纤毛　尘粒　有害细菌　鼻黏膜　有益菌

汪汪加油站

鼻屎是有益菌为人类战斗的证据！汪！

鼓励狗

嘴里的细菌比厕所马桶圈的还多

轻松度 1 2 3 4 5

人体

厕所真好啊!

你是不是觉得厕所里的马桶圈沾满细菌？其实上面的细菌没那么多。菌类是生物，在光滑、干燥的地方很难存活。

那么，什么样的地方适合菌类繁殖呢？这个地方要有很多它们的食物，凹凸不平的，容易藏污纳垢，还经常紧闭。没错，就是人类的口腔。在我们的嘴里，生存着许多菌。

口腔中生存的菌超过 2000 亿个，其中有些菌会导致蛀牙，有些进入人体后会致病，不过大部分都和人类相安无事。

相反，厕所里对人体有害的菌较多，所以虽然马桶圈上的菌少，也不能说它比口腔干净。可不能仅凭菌数多少就判断干不干净。

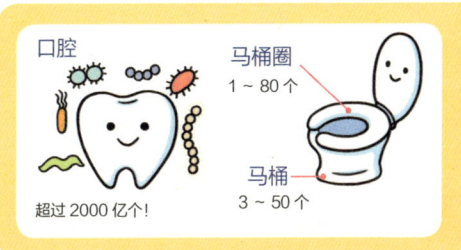

口腔
超过 2000 亿个！

马桶圈
1～80 个

马桶
3～50 个

与人类口腔中的菌数相比，厕所马桶圈的菌数少得多。不过要注意马桶刷。如果将湿漉漉的马桶刷放在那里不管，菌可能会增加到 8 亿个左右。

什么鬼！

可别以厕所菌少为借口上完厕所不洗手！

吐槽海胆

轻松的科学

泡温泉皮肤滑滑的是因为皮肤表面溶解了

泡温泉很开心吧？有没有感觉泡的时候手和腿都滑溜溜的？明明只是泡在热水里，却好像涂了肥皂一样。

你会有这种感觉，是因为温泉的热水起到了和肥皂相同的作用。

温泉中的热水性质随地点的不同而有所变化，这里的"不同"主要指酸碱成分不同。酸性温泉有杀菌作用，因此可以清洁皮肤，促进小伤口愈合；碱性温泉则像肥皂一样，可以将油污分解为较小油滴溶于水中。碱性强的话，皮肤表面的污垢（汗渍和皮脂等）溶于水后，皮肤自然滑溜溜的啦。

所以，碱性温泉也有"美人汤"的美称。

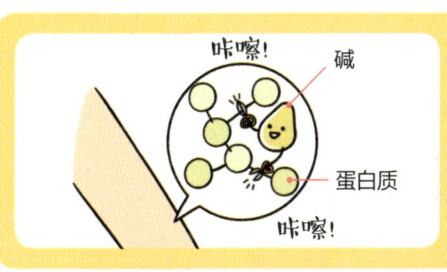

轻松的科学

污垢中的蛋白质和油性成分等遇到碱会被切断连接变得更加细小。肥皂能够去污垢也是因为这种碱性。

什么鬼！

还以为自己变成美人了，不过是空欢喜一场！

吐槽海胆

常识小百科

宇宙中那些令人遗憾的事

在失重的宇宙中,很多事情做起来很困难,甚至会发生在地面上完全无法想象的事情。

所谓"失重"就是指在宇宙空间站等地方,感觉不到重力作用,也就是没有"物体重量"的一种"无重量"状态。

一定要先将身体固定后,再进行训练,不然会浮起来!

肌肉和骨骼变得脆弱

在失重状态下,稍微用一点儿力身体就可以活动,肌肉和骨骼会渐渐变得不那么结实了,因此宇宙飞行员被规定每天要锻炼1小时左右。

跳起来落不回原地

在失重状态下跳起来,会一直向上飞。睡觉的时候身体也会轻飘飘地浮起来,所以睡觉时一定要把身体固定在床上。

吃纳豆可就麻烦了

纳豆黏黏糊糊的，还有扯不断的细丝，会一直在空中飘荡，如果黏在精密的仪器或设备上，会导致其发生故障，所以在宇宙空间站绝对禁止吃纳豆。

放屁会爆炸

没有空气流通，人放出来的屁无法扩散消失。不仅臭味一直无法消散，最可怕的是会引起爆炸，所以宇宙空间站里会设置人工空气流通系统。另外要尽量去厕所放屁。

闻到大便的臭味就已经吸入大便微粒了

轻松度 5

人体

竟然吃大便，真令人不敢相信。

你也吸了大便好不好……

噗噗……

一提起大便，很多人是不是觉得"大便真恶心！让我摸大便还不如去死"？遗憾的是，当你闻到"大便臭味"的那一刻，大便成分已经进入你的体内喽。

可以感知气味的细胞在人类的鼻孔深处。小小的气味分子从鼻孔进入鼻腔与这些细胞相遇，气味信息传至人脑，我们就闻到了味道。

所以，当你心想"啊，大便好臭"时，很遗憾，大便气味微粒已经侵占了你的鼻子。

另外，这些微粒十分微小，肉眼看不到。它们进入人体的过程无法"眼见为实"！

向人脑传递气味信息的神经

气味微粒

气味微粒粘到鼻孔深处的细胞上，细胞神经将信息传递至脑部。这就是我们感知到臭等气味的原理。

轻松的科学

猫猫名言

食物闻着香就想吃！喵！

轻松猫

冰激凌的三分之一是空气

> 我们有三分之一是空气哎。

> 嘘！闭上你的嘴吧……

> 嗯、嗯！

什么鬼！
以为买了3个，实际就2个。这不是忽悠我吗！

吐槽海胆

冰激凌的口感一般是滑滑软软的。不过，你知道吗？其中有三分之一是空气，相当于你买了三个球的冰激凌，有一个球买的是空气。

那么是不是里面没有空气比较好呢？也不能这么说。冰激凌的主要原料有牛奶、鲜奶油、砂糖。以此为基础，放入香草等香料，在 $-2℃ \sim -8℃$ 的环境下，边冷却边搅拌，可口的冰激凌就做好了。

搅拌时，让混合物中融入大量空气，冰激凌才会有独特的软滑轻盈的口感。如果没有空气，混合物就会冻成硬邦邦的冰块。所以混入空气是让冰激凌变美味的奥秘。

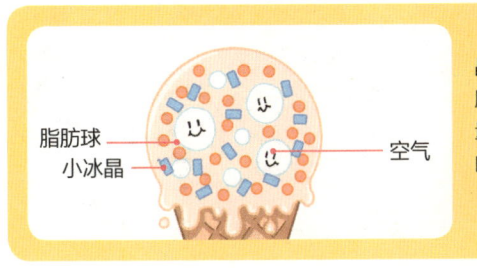

冰激凌内主要有小冰晶、脂肪球（牛奶中的脂肪变细后的小液滴）。适量的空气混入后，冰激凌的口感变得轻盈顺滑。

每天分泌的口水能装满两个矿泉水瓶，从嘴里喷出来也能理解

轻松度 2/5

人体

我们是唾液战队！！

哎呀呀！
糟糕！

我要掉下去了！

爱说话的人有时候会喷口水（唾液）。此时你可能心想："乱喷口水，真脏！"但其实口水喷出来也是没有办法的事情。

假设用容积为500毫升的塑料瓶装的话，人每天会分泌2～3瓶唾液。

唾液的作用很多。比如说食物进入口中时，人体自动分泌唾液与之混合，分解食物，使它变得柔软。唾液和食物混合也使得我们的舌头可以感知到食物味道。

另外，唾液流过牙齿间隙清除污垢，防止口腔滋生有害病菌。如果唾液分泌减少，长蛀牙的风险就会增加，威胁口腔健康。

所以口水多说明你身体很健康哟。

轻松的科学

唾液使食物变得柔软，更有利于人体吸收食物的营养。它还包裹着牙齿，保持牙齿的清洁。

鸟博士小课堂

一般情况下，唾液中含有的菌对人体无害，少量喷到脸上是没关系的。

鸟博士

"吹气"和"哈气"出来的气体温度相同

轻松度 4
人体

吹凉点儿

我们其实温度相同

暖暖手

吹

哈

你想把热东西弄凉，有时是不是会"呼呼"地吹凉它？相反，手凉时，应该会"哈气"暖手。虽然"吹气"和"哈气"起到完全相反的作用，但其实呼出的气体温度基本相同。

张开嘴哈气，哈出的气体与体温基本一致。其实你噘起嘴使劲儿细细地吹气时，气体刚从嘴里出来的那一刻，其温度和哈气时呼出的气体温度没太大区别，也是温暖的。

不过，细细吹出的气体快速流动，不断卷入周围冷空气，原本温暖气体的热量被带走了，于是我们感觉好像是一股凉气。

你可以试着把手背靠近嘴唇，向手背"呼"地吹口气，这次吹出来的是不是热气呢？

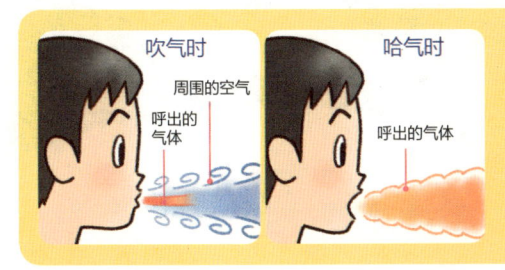

轻松的科学

吹气时	哈气时
周围的空气 呼出的气体	呼出的气体

呼出的气体温度与体温几乎相同。噘嘴使劲儿吹出来的气体流速快，很容易形成气流旋涡，卷入周围气体，使呼出的气体温度下降。

猫猫名言

多"哈"气，心情也会变得暖洋洋！喵！

轻松猫

069

森林里的蟑螂比家里多得多

蟑螂喜欢黑暗、狭窄而又温暖的地方。很多人认为它们大多生存在人类的家中。其实在日本，大多数蟑螂生活在森林里。

日本大约有 60 种蟑螂。在家里常见的种类有德国小蠊、黑胸大蠊、美洲大蠊等几种而已。这些品种特别喜欢人住的地方，并且会长年累月住在那儿。

而其他种类大多安静地生活在森林中，或在树缝中，或在枯叶下。

日本的森林里生活着许多种蟑螂，有长达 4.5 厘米的黑褐硬蠊，有硬币大小的东方水蠊，有色彩鲜艳的真鳖蠊，还有只有 1 厘米大的日本姬蠊等。

黑褐硬蠊

真鳖蠊

黑褐硬蠊是一种益虫，它以腐烂的树木为食。号称日本最美蟑螂的真鳖蠊只有雄虫是蓝色的，雌虫为黑色。

什么鬼！

所有蟑螂都只生活在森林里多好！

吐槽海胆

轻松的科学

骨骼不断生长，
也不断被吞噬

说是快过保质期了，可以吃。

成骨细胞爸爸
勤勤　恳恳
咔嚓　咔嚓
破骨细胞儿子

人类的骨骼
唯有被吃掉
才能保持健康

诗人柳

人为什么会长高？因为我们的身体每天都会制造新的骨头，所以才会长高。

事实上，即使是不再长高的成年人，身体每天也在制造新的骨头。

骨头一直不变就会老化，所以必须每天更新一些。那么如何更新呢？这时候就要靠身体内的"破骨细胞"吞噬骨头啦。

在骨内，有的细胞负责吞噬骨头，也有的细胞负责制造骨头。身体内老化的骨头被吞噬，全新的骨头被制造出来。

成人的骨头每日更新一些，体内骨骼全部更新一次大约需要3年。儿童新制造的骨量较多，因此能够长高。

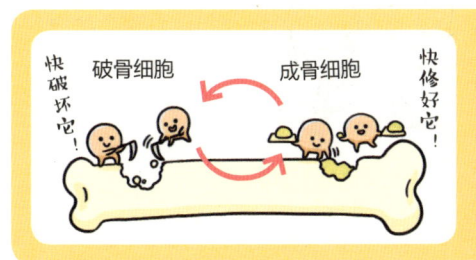

制造骨头的细胞叫作成骨细胞，吞噬骨头的细胞叫作破骨细胞。无论是成骨细胞还是破骨细胞，都是保持骨骼健康的大功臣！

菌类里也有"墙头草"

人类身体中有数百种、数千亿个细菌，被称为"常居菌"。皮肤表面、口腔及肠道内部定居的菌群特别多。

皮肤上寄居的菌群以皮脂混合物为生，里面混合着灰尘、蛋白质以及汗液等。它们虽然什么也不做，但是生存在皮肤表面，可以防止外来细菌黏在皮肤表面，对人体还是有益处的。

不过，皮肤一旦受点儿伤，平时一向温顺的细菌就开始释放毒素危害人体了。它们在伤口的周围不断繁殖增加，妨碍伤口愈合。

身体健康时这些细菌温顺无害，身体一旦虚弱就危害人体，这种菌被称为"日和见菌"（中性菌）。所谓"日和见"日语里就是"观望形势再行动"的意思。

始终有利于身体健康的菌叫作"有益菌"，危害身体健康的菌叫作"有害菌"。

2 : 7 : 1

有益菌　中性菌　有害菌

据说肠道内部的有益菌、中性菌及有害菌的比例为2∶7∶1时最好。为了防止有害菌过度繁殖，我们也必须要均衡膳食。

日和见菌
让我们
成为永远的朋友

诗人柳

牛粪闻着有香草的香味

香草冰激凌	闻着是香草味儿
400日元	0日元（吃起来是臭臭的）

欢迎光临！ 请多品尝！

轻松度 2

生物

香草冰激凌又香又甜。你知道"香草"到底是什么吗？它是一种香料，能释放出香甜的味道。这种香料来源于一种兰科植物香荚兰的果荚，种子发酵后会产生"香兰素"。天然的香兰素十分昂贵。

因此，现在人们也会从香荚兰以外的植物提取"木质素"为原料，合成香兰素。

实际上香兰素可以从牛的粪便中提取出来。大家都知道，牛喜欢吃草。草中含有大量的木质素，经由牛肠道菌群转化为香兰素，成为牛粪被牛排出体外。

不过，人工合成香兰素的成本比从牛粪里提取的要低得多。所以在商店里买的香草冰激凌不会用牛粪做。

植物中含有一种叫作"木质素"的植物纤维。牛吃入体内后在肠道内转化为香兰素。将牛粪加入水再加热即可得到香兰素。

汪汪加油站

牛粪里都能找出香草的香味！太牛了！汪！

鼓励狗

萤火虫发光是为了告诉大家："我很难吃"

看着不太好吃？

算了，别吃了！

萤火虫不是只有成年后才发光,从出生到死亡,萤火之光会一直伴随着它。

为了便于雌虫和雄虫相遇,让对方在黑暗的地方也能辨别自己的位置,成年萤火虫屁股上会闪着黄绿色的光。

虫卵、幼虫及虫蛹发光是为了防卫天敌。身体发光,听起来似乎更容易被天敌发现,其实并非如此。

当还是虫卵的时候,萤火虫的体内就包含了散发难闻气味的物质。发光是让吃过的动物记住发光的虫子不好吃。天敌们认定"发光的萤火虫不好吃",所以萤火虫显眼反而很安全。

闪闪发光

虫卵　幼虫　虫蛹　成虫

萤火虫的体内有一种特殊物质和氧发生反应而发光。它的寿命大约为1年,成年后大约有2周时间会不吃不喝,一直到产卵后死去。

鸟博士小课堂

灯泡发光时会释放热量,手心里握一只发光的萤火虫却不会感觉热。

鸟博士

轻松的科学

人的身体里到处都是菌

轻松度 1 2 3 4 5

人体

从外面回到家后最好认真洗手。我们的手在外面摸过很多东西，很可能沾染了很多细菌。

不过，实际上人体内到处都是菌。比如皮肤表面和口腔里就生活着很多菌，特别是大肠内部。我们身体里的菌有 1000 种左右，数量高达数千亿个。人体中单单菌的重量就有 1.5 ~ 2 千克。

这么多菌平时在我们体内做什么呢？它们的作用有很多，比如帮助消化、杀灭有害菌等。它们把胃消化好的食物黏稠物转化为人体可吸收的营养，然后再使其变为粪便排出体外。肠道菌群是人类生存的好伙伴。

菌群常驻在人的身体内，和人类保持着"和谐共生"的关系。如果把菌全部消灭了，那人也活不了哟。

轻松的科学

人体内的细胞数	肠道内细菌数量
约 370 亿个	1 千亿至数千亿个

人体内的细胞数量共有约 370 亿个。肠道内的细菌比人体细胞还要小，仅肠道内细菌数量就达到 1 千亿至数千亿个。

汪汪加油站

正因为有许多菌生活在我的身上，我才活得如此幸福！汪！谢谢小菌菌们！

鼓励狗

"落叶地毯"其实是树尿出的"尿"

轻松度：2

自然

> 嘿嘿，我就是刚尿了个尿。

好美啊！ 是啊！

动物通过排便或排尿把不需要的物质排出体外。大部分植物则不会像动物一样直接把废物排出体外，而是储存在细胞中。

不过在落叶时，植物会把废物储存在叶子里，以落叶的形式排出体外。从"全都是废物"这个角度来看，落叶可以说是树木的"尿"了吧。

汪汪加油站

好羡慕啊，尿尿都如此美丽动人！汪！

鼓励狗

加工食品上的红色是从虫子身上提取出来的

将来我们会变成什么呢？

胭脂虫　　紫胶虫

草莓露、火腿、鱼肉肠、鱼糕等红色食物，它们的配料表上都会写"胭脂红"这种配料。胭脂红是一种食用色素，为食物着上红色。==将胭脂虫和紫胶虫捣碎==，只提取它们身上的色素成分就是胭脂红。原料是天然的虫子，对人体无害。

鸟博士小课堂

有一种叫作螺旋藻的微生物是蓝色素的原料。

鸟博士

白熊剪掉毛后
变成黑熊

北极熊的毛看起来是白的,因此又被叫作白熊。

但实际上北极熊的毛不是白色而是透明的。它的毛像透明吸管一样是空心的,由于光线的折射,所以看起来像白色的。

北极熊毛下的皮肤是黑色的。如果把它的毛剃掉就会露出黑色皮肤。全身毛都剃掉的话,白熊就变成"黑熊"啦。

猫猫名言

把白熊眼睛周围和耳朵的毛都剃了,就变成熊猫啦。喵!

轻松猫

喷嚏的气流速度比
汽车还快

轻松度 1 2 3 4 5

人体

我比它快！

喷嚏君

时速 50 千米

阿……嚏！

轻松的科学

　　打喷嚏时可以把鼻子里的脏东西、细菌以及病毒等都喷出体外。喷嚏的喷射距离可达 3～5 米。喷射速度也相当快。

　　通过计算，打喷嚏的速度和一般速度的汽车差不多，时速在 50～60 千米。

　　为了不散播病毒，感冒时请一定要记得戴上口罩。

打喷嚏前
应该先
戴上口罩

诗人柳

085

暖和的地方也有企鹅

洪堡企鹅

说到企鹅，都认为它们只能生活在南极。其实南极企鹅只有帝企鹅、阿德利企鹅、帽带企鹅这三种而已。在动物园里常见到的洪堡企鹅和斑嘴环企鹅等，它们的故乡非常温暖。

其中洪堡企鹅特别怕冷，有些动物园会在冬天为它们生火炉取暖呢。

什么鬼！

不要再觉得它们"待在这么热的地方，真可怜"了！

吐槽海胆

到了青春期，
女生也会变声

男生到了青春期会变声。随着身体不断成长，喉咙也在变化，发声的声带被拉长了，声音自然变低了。

实际上女生的声音也会变化。和男生比，女生的声带不会拉长那么多，声音变化不会那么明显，不过声音的质感和音域还是有变化的。

一般情况下，男生的变声期在12～15岁，女生在11～13岁。

> 青春啊
> 无论男生还是女生
> 都会变声

诗人柳

科学家不为人知的遗憾 ❷
明明如此努力研究，却不被承认！

胡克

因矛盾而被抹杀

牛顿　胡克

> 罗伯特·胡克（1635—1703），英国物理学家，成功用显微镜观察到"cell"（细胞）。

胡克一生贡献无数

胡克根据螺旋弹簧受拉力伸长而发现"胡克定律"。利用这条定律，钟表业发明了弹簧发条式钟表。

他还是第一位成功用显微镜观察到细胞的科学家。他用显微镜观察一块软木薄片，发现内部结构像一间间小房间，就把它命名为"cell"（细胞），即小房间的意思，至今仍被使用。

被牛顿抹杀的天才

尽管他一生成就无数，去世后却因和牛顿的矛盾而鲜为人知。

牛顿发现万有引力定律，与胡克有多次论战。胡克死后，牛顿抹杀了他的成果，连他的画像都销毁了。因此胡克也被称为"被牛顿抹去的男人"。

法布尔

> 让·亨利·法布尔（1823—1915），法国昆虫学家。他的一生都在撰写《昆虫记》。

为了研究，一切辛苦都值得

为了赚钱专注研究染料

法布尔因父亲经商失败而从小贫困，14岁就离开家门干活儿。他一边辛苦工作一边勤奋学习，29岁时成为高中理科老师。

之后他虽然发表了关于昆虫的一系列研究成果，也出版了图书，但生活依然清贫。为了赚钱，法布尔研究从一种叫作"茜草"的植物中提取染料。

合成染料成本更低 研究结果毫无价值

从茜草的根部提取的染料，含有一种叫作"茜草素"的物质，可以把布染红，在当时极为畅销。

法布尔用了整整十年时间研究茜草提炼染料工业化方法。然而在同一时期，人们以成本更低的石炭，利用化学方法合成茜草素。法布尔多年的研究失去意义。

巴斯德

有严重的洁癖,被认为形迹可疑

路易·巴斯德(1822—1895),法国的微生物学家。他发现了菌类的存在,为医学等领域做出巨大贡献。

发现肉眼看不到的菌类

巴斯德是一位训练有素的化学家。一次有人求他帮忙找到酒变酸的原因,他在研究之后发现了肉眼看不到的微生物,也就是菌类。

之后,他发现食物和空气中生存着大量的菌。在研究发酵时,他发现了乳酸菌和酵母菌。他还发现很多疾病是由病菌引起,并发明了狂犬疫苗。

因洁癖讨厌和人握手

自从发现病原细菌进入人体会引起疾病后,巴斯德有了严重的洁癖。

据说只要盘子和玻璃稍微脏一点儿他就要清理,总是犹豫要不要和人握手。在现代,我们认为"杀菌"是理所当然的事情,而在当时的人们看来,他的这些行为非常诡异。

3 无用的科学

什么是"无用的科学"呢？

对事物没有帮助；看起来很重要实际却毫无用处；研究到最后，什么用也没有的科学。

"无用"不就是在说我嘛！

你竟然这么有自知之明，好了不起！汪！

有时候"无用"也很可爱！喵！

万事万物
活着
就有意义

这次鼓励狗的话太过分了。

这里可以看到无用指数！

无用度

- 1 略微有些没用
- 2 有些没用
- 3 比较没用
- 4 相当没用
- 5 虽然这么说很过分，但也太没用了

这些小知识没有用？！

自然

开错季节的
樱花 —096

只有一棵
苹果树 —116

蜜瓜
的网状花纹 —118

马铃薯
的果实 —128

落花生
的果实 —137

人体

身体
的运行规律 —098

老年人的
眉毛 —102

人的两个
鼻孔 —106

生物

停在电线上的
鸟儿 —094

马
的脚 —100

蜥蜴
的尾巴 —108

食肉动物
的眼睛 —110

小丑鱼
的性别 —130

乌龟
太胖 —132

水蚤
的触角 —136

天文

宇航员
喝什么 —135

鸟儿停在电线上
可能会触电

小时候，大人们肯定告诫过你："千万别摸电线，会触电！"这里说的"触电"指的是电流通过身体内部，是十分危险的。

那为什么停留在电线上的小鸟毫发无伤呢？

因为它们只站在一根电线上。==电流的特性是优先通过更容易流动的地方==，所以电流不会流过鸟儿的身体而是仍从电线里流过，鸟儿自然没有触电。

不过，如果是体形庞大的鸟，展开翅膀触碰到两根电线就很危险了。因为==两根电线的电压不同，电流由高压流向低压==（更容易流动）。电流流过鸟儿的身体，鸟儿就会触电。

另外，如果触摸人为切断的电线，电流通过人体流向大地，也会触电。所以千万别做这种危险的事情！

无用的科学

鸟儿停在一根电线上时，电流直接通过比经过鸟儿更容易。所以鸟儿的身体没有电流流过。

电线　电流

猫猫名言

所以小鸟们到底有没有意识到电线危险？喵！

轻松猫

095

叶子落光，樱花会误以为春天到了

哎？有点儿冷！不会是秋天吧？

汪汪加油站

花朵竟然提早半年开放了，厉害！汪！

鼓励狗

自然

　　春天是樱花开放的季节。日本种植比较多的品种是染井吉野。这种樱花的花期主要与气温等因素有关，因此一个地方的樱花通常会同时绽放。

　　不过，本来应该在春天开花的染井吉野，有时也会在秋天开放。一旦秋天开花了，那来年春天就不会再开花。

　　夏天时，樱花开始孕育出来年春天开花的芽（花蕾宝宝）。不过此时树上的叶子会发出指令："还没到开花的时候！"到了入冬之前，树叶落光，气温过低无法开花，直到来年春天到来，樱花终于开放。

　　如果夏天因为台风等原因，树叶落光，没有叶子可以给花发出"还没到开花时候"的指令，到了秋天，气温如果和春天相似，花蕾宝宝以为春天到了，就会绽放出美丽的花朵。

无用的科学

夏天　　　　秋天

花芽　　　　樱花绽放

樱花在春天以外的季节开放，被称为"不合时令的花"。夏季台风等强风侵袭或者树上的害虫吃光树叶都会引起这种现象。

身体的生理活动
常常由不得你

无用度　人体

> 刚、刚才不是我。
> 我的身体它有自己的想法。

咕噜噜……

看到题目你肯定嘀咕："自己的身体，我还控制不了吗？"

不过，仔细想想，你是否有过这种经历：上课时肚子饿了不停地叫，心想："真丢人，能不能不叫？"这个时候想让身体听自己的，肚子还是不争气地发出很大的声音。

<mark>不小心放了个屁，忍不住要上厕所，这些都不是你的意识可以控制得了的。</mark>

人活着心脏就要跳动，平时却感受不到心脏跳。走路时左右腿自然地轮流向前，你也并没有下意识控制吧？

实际上，多数情况下，我们的身体是<mark>由脑部自动控制的</mark>。平时我们思考主要依赖"大脑"，只是脑的一部分而已。

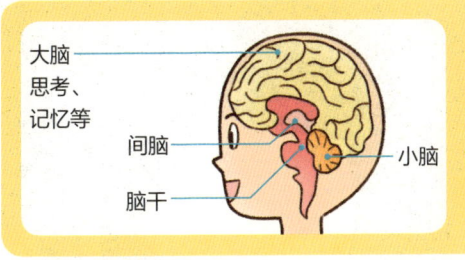

无用的科学

大脑
思考、
记忆等
间脑
脑干
小脑

脑干控制心脏跳动和呼吸等重要生理功能；小脑负责调节身体活动；间脑通过出汗等方式调节体内水分和体温。

猫猫名言

肚子饿了会叫是本能，没必要太介意。喵！

轻松猫

099

马只靠中指站立

无用度 1 2 3 4 5

生物

只用中指……

马可以快速奔跑很长一段距离。马蹄的结构和我们人类的脚有很大的不同，是一根长着指甲的指头。

马和其他动物一样，原本也有 5 根指头，其中 4 根退化变小，只剩下中指依然发达，非常巨大。现在的马如果用人类来类比的话，就像是一个人只用中指站着。

为什么只有中指发达呢？因为这样有利于跑得更快。马是食草动物，为了可以跑得更快以躲避天敌等食肉类动物，进化成现在的样子。

指头由 5 根变为 1 根，和地面接触的面积变小，脚受到的阻力变小，跑得自然就更快啦。

另外，为了加大跑起来的步幅，马的腿部也进化得更长。

无用的科学

马 / 人类 / 中指 / 马蹄 / 相同 / 中指

人类的手指有 5 根。将人手和马蹄的骨骼结构对比可以发现，人类中指只有用来触摸物体的部分比较发达。

汪汪加油站

无论何时都踮着脚走路，真模仿不来！汪！

鼓励狗

101

年纪大的人眉毛很长是因为
眉毛忘记脱落了

主人，我也是……

哎？我要干什么来着？

最近什么都记不住……

什么鬼！ 你也把头发都忘到九霄云外了吧！

吐槽海胆

如果一直蓄着头发不剪，就会越长越长，但眉毛不剪却不会长得太长。

眉毛比头发的生长速度慢得多，一般长到 1 厘米左右就会自动脱落，以防影响眼睛。

那么，为什么人上了年纪后，眉毛已经长得很长了还没有脱落呢？

人类体毛都有自己的更新循环周期，头发大约是 4 年，眉毛大约是 3 个月。

一般情况下，眉毛每 3 个月循环一次，旧眉毛脱落，新眉毛长出来。年纪大了以后，这个循环就被打乱了。过了 3 个月，眉毛忘记要脱落，越长越长。所以人上了年纪后，眉毛容易变得很长。

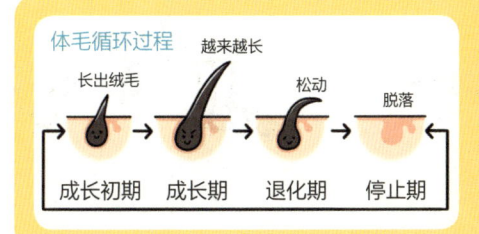

体毛循环过程

长出绒毛 → 越来越长 → 松动 → 脱落

成长初期　成长期　退化期　停止期

新的体毛从皮肤里生长出来，吸收营养后越长越长。时间一长，体毛和皮肤连接的部分松动，逐渐脱落。

鲱鱼交流靠放屁

新年时，日本人要吃的鲱鱼子是"鲱鱼"的鱼卵。鲱鱼喜欢群居，一般生活在北方海域。

为了避免被大型鱼类和动物吞噬，它们会一直生活在一起。不过你有没有觉得很不可思议？在漆黑的大海里，它们到底是如何保持行动一致的？其实它们是用声音交流的。

在水中，声音可以传到很远的地方。大多数鱼类体内都有储存空气的鱼鳔，伸缩鱼鳔即可发出声音。

而鲱鱼发出声音时，屁股会冒泡，也就是放屁。鱼群的首领通过放屁发出的声音指挥大家。

有兴趣的话，你可以再研究研究，也许还有其他鱼放屁传递信息。

鱼的内耳起到耳朵的作用，体侧还有感知水流和声音的侧线。它们通过伸缩鱼鳔发出声音。所以鱼对声音非常敏感。

无用的科学

小博士小课堂

海豚和鲸也会在水中发出声音相互交谈。

鸟博士

两个鼻孔中
总有一个在休息

无用度 2

人体

下一次通行时间为 3 小时以后

空气

感冒时，你是不是有时会鼻塞得难受？

其实鼻塞并不是鼻涕把鼻孔堵住了，而是鼻腔内肿胀，让空气不易流通，防止病毒细菌继续入侵人体。

身体健康时，也会出现类似鼻塞的情形。我们的鼻子有两个鼻孔，平时一个鼻孔工作，另一个鼻孔在休息。

它们每3小时轮换1次。休息的鼻孔会轻微肿起来，处于"鼻塞的状态"。

我们的鼻子为什么这样轮换休息呢？到目前为止还没有特别明确的科学解释。

无用的科学

鼻内肿胀

鼻腔内的黏膜稍微肿胀即可堵塞鼻道，减少空气流通。两个鼻孔，每隔3小时轮换1次。这种循环被称为"鼻周期"（nasalcycle）。

猫猫名言

有人可以轮岗！好棒呀！喵喵！

轻松猫

蜥蜴的尾巴可以再生，但长出来的不再完美

生物

你的尾巴怎么长得这么奇怪？

唉，前段时间断了，长出来就成这样了……

蜥蜴遇到危险时会断尾求生，它们趁敌人被断尾吸引时逃之夭夭。

蜥蜴的尾骨中间有裂缝，方便断开。由于身体本身构造天生就有预留断尾之处，所以不会出太多血。断尾后，蜥蜴尾部的再生细胞会在断尾处长出一条全新的尾巴。

不过，新尾巴有可能比之前小，也有可能形状很奇怪，而且尾骨不能再生，所以尾巴并不能恢复得与之前一模一样。

新尾巴需要 8 个月才能长到和原来差不多长，但这次长出的尾巴可不能再断了。

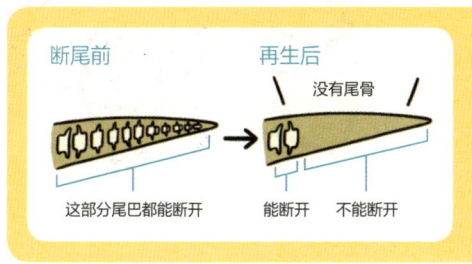

无用的科学

断尾前	再生后
	没有尾骨
这部分尾巴都能断开	能断开　不能断开

蜥蜴尾巴的尾骨有裂缝，因此可以断开。再生的尾巴没有尾骨，因此不能再断了。这种自行将尾巴断离的现象叫作"自切"。

鸟博士小课堂

松鼠也能自断尾巴，但是不能再生。

鸟博士

109

食肉动物很难直接看到后面

第一次单独捕猎!

只靠自己,好像也没问题!

什么鬼!
直接看,看不到后面。转头看不就得了嘛!

吐槽海胆

没问题吗?

后面的情况似乎不太好掌握……

是啊!

无用度 3

生物

狮子、老虎等食肉动物与马、羊等食草动物的眼睛位置不同。食肉动物的眼睛长在脸前面,而食草动物的则长在脸两侧。

眼睛位置不同,看东西的方式自然也不同。食肉动物能看到的范围主要是前面,两只眼睛能够立体地观察猎物,即使与猎物距离较远也能正确估算距离。但是它们看不到自己脑后的物体。

而食草动物即使头冲着前面依然可以看到后面的情况。这样即使背后有食肉动物也能第一时间发现。

所以,说不定站在食肉动物背后不容易被发现?

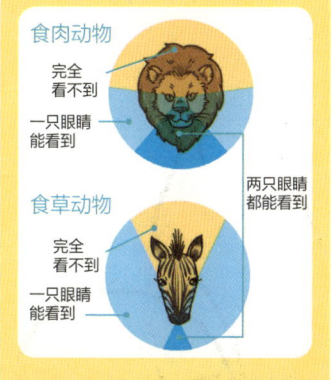

食肉动物
完全看不到
一只眼睛能看到
两只眼睛都能看到

食草动物
完全看不到
一只眼睛能看到

食肉动物两只眼睛的视野范围重叠,因此可以立体成像观察猎物。而食草动物为了尽快发现敌人,眼睛在头两侧以尽量扩大视野范围。

无用的科学

常识小百科

我们对身体的误解

关于人类的身体，你即使每天看、每天听也有很多误解！

其实……照片拍得好奇怪

我明明不长这样……

你觉不觉得自己和照片上的自己不太一样？其实我们平时照镜子看到的自己与实际的自己左右相反，所以照片上的你才是别人看到的你。

其实……撞到小脚趾

怎么又是我！

人平时走路时，比自己感觉的要向外倾斜1厘米左右。人脑并不能十分精确地知道自己脚的位置，所以人走歪了有时会撞到脚。

妈呀！声音好奇怪

我们和别人说话时，声音通过空气传导，对方听见了我们的声音，而我们则是通过骨传导听到"自己的声音"，所以自己听到的和别人听到的有些不一样。这也是我们听自己的录音觉得声音很怪的原因。

其实……

谢谢！

我的声音明明不是这样的！

其实……

蛋糕大小相同

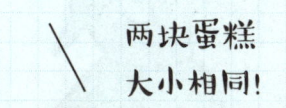

两块蛋糕大小相同！

我们的眼睛会产生一种错觉——将两个大小相同的物体，一个放在大圆圈里，另一个放在小圆圈里，我们会觉得小圆圈里的物体看起来更大。比如说把盘子看作圆圈，那么大小相同的两块蛋糕，放在小盘子里的蛋糕看起来比放在大盘子里的蛋糕大。

鸟类的大便和小便一起出来

无用度 3
生物

还没好？

WC

虽然有小便池……

可咱们也用不了……

我们看到的鸟粪一般都是白乎乎的，里面夹杂着黑色或褐色的颗粒。黑色或褐色的颗粒实际是小鸟们吃入体内的食物经肠道消化后出来的大便，白色部分是小便，也就是尿。

人类这样的哺乳动物，尿是水中混合着尿素的液体。鸟类的与人类的不同，它们的尿是尿酸白色结晶混合少量水分。鸟儿们在空中飞翔，为了尽量保持身体轻盈，体内基本不会储存太多水分。

鸟类的排泄器官只有一个孔，所以大便和小便一起排出。它们既不像人类等哺乳动物有储存尿液的膀胱，可以储存大便的大肠也不太大。所以鸟类基本不储存粪便，随时向体外排泄。

爬虫类动物和昆虫类动物也是如此！

无用的科学

鸟类　哺乳类
小便和大便　小便　大便

鸟粪的主要成分尿酸不溶于水，与水混合后，从同一排泄孔排出体外。哺乳动物尿中的尿素可溶于水，且哺乳动物的尿液从尿道口排出，粪便从肛门排出。

猫猫名言

屎和尿一起出来，倒挺节省时间的。喵！

轻松猫

一阵沉默……

怎么一直不结果实呢？

因为只有我一棵树。

无用度 1 2 3 4 5

自然

只靠一棵苹果树无法结果

你知道蔬菜和水果如何结出果实吗？花中央的雌蕊顶端沾上雄蕊的花粉，就可以孕育出果实了。

不过大部分品种的苹果树，同一棵树上的花的雌蕊和雄蕊之间授粉不能结果。为了结出果实，雌蕊必须沾上其他苹果树花的雄蕊的花粉。靠风或蜜蜂等昆虫自然授粉，或者人工授粉，苹果树才能结果。

所以种植苹果时，在每年4月至5月苹果花开放的时节，果农会用花相互轻轻地摩擦，起到授粉的作用。

单凭一棵树无法结果，这样的结果条件是为了树木个体相互联系。这样生存下去的概率更高。

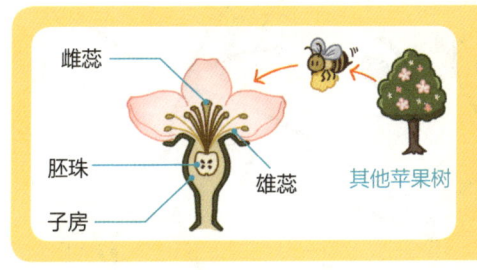

无用的科学

雌蕊
胚珠
子房
雄蕊
其他苹果树

风或蜜蜂、蝴蝶等昆虫会把别的苹果树花的雄蕊的花粉带来沾到雌蕊上。授粉后，子房渐渐鼓起发育成果实，胚珠发育成种子。

猫猫名言

人呀、猫呀，始终单身就没有子孙后代啦！喵！

轻松猫

蜜瓜的网纹是"肥胖纹"

无用度 4 / 自然

我发育得太好，衣服没几天就小了……

咔嚓

咔嚓

蜜瓜的长相十分独特，外表布满网纹。可是，你知道吗？蜜瓜刚结果时表面上可是光溜溜的。

那么，为什么会出现网纹呢？这是因为蜜瓜内部比表皮长得快。

蜜瓜内部越长越大，表皮撑不住裂开，出现裂纹，从裂纹里流出汁液。汁液逐渐凝固变白，好像结痂一样，蜜瓜的表皮也就布满了网纹。

这就像小孩子不断长大还穿着以前的小衣服，最后衣服被撑破了。衣服撑破了有点儿可怜，蜜瓜的网纹倒是美味的标志。

像网纹瓜等有网纹的蜜瓜品种，网纹分布的越细密越均匀，瓜就越香甜呢！

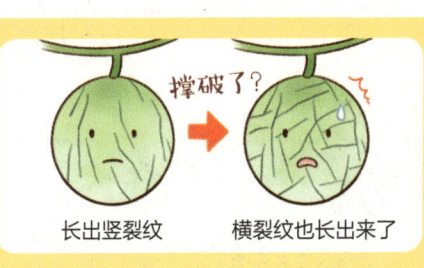

无用的科学

长出竖裂纹　　横裂纹也长出来了

蜜瓜先是长出竖的裂纹，之后横向也开始出现裂纹。渗出的汁液填满裂缝，像结痂一样结成块，形成网纹。

汪汪加油站

自己冲破自己的保护壳。这种精神值得学习！汪！

鼓励狗

有的鱼 不擅长游泳

最近没怎么见过比目鱼那家伙。

我特别会钻沙地。

可惜游泳不太行……

汪汪加油站

游泳不行没关系,你是捉迷藏小天才啊!汪!

鼓励狗

不要以为是鱼就很擅长游泳。鱼的种类很多，它们各有各的特征，金枪鱼、鲣鱼、竹荚鱼、沙丁鱼等外形细长、两头尖的鱼被称为中上层鱼类。它们流线型的身体可以减少在水中的阻力，游速特别快，可以迅速捕捉猎物。如果用人做比喻，它们可以说是一直在奔跑的短跑运动员。

而比目鱼、鲽鱼等身体扁平的鱼，通常生活在海底，游泳不快，被称为底栖鱼类。

它们捕食猎物时会钻进沙土中埋伏等候。

为了不让猎物发现自己，比目鱼、鲽鱼、鮟鱇鱼等外表的花纹和岩石或沙土十分相似。

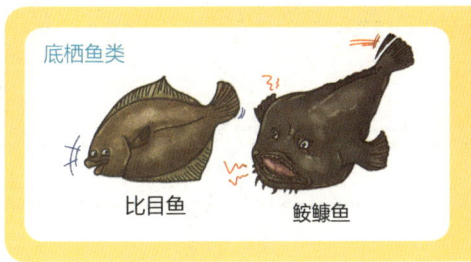

底栖鱼类

比目鱼　　鮟鱇鱼

除了比目鱼、鲽鱼、鮟鱇鱼以外，鲭、鲬、鳗等也属于底栖鱼类。它们一辈子大部分时间都会钻进沙石或泥土里生活。

无用的科学

狗被归为猫的同类

无用度 3/5 · 生物

一年级猫班

同学竟然是猫?

狗、熊、浣熊、熊猫、狮子、老虎、海豹，以上这些动物的共同点是什么？答案是：猫。再准确点儿说应该是都归类在猫目（食肉目）①。

动物分类等级从大到小分别为目、科、属、种。例如，狗属于猫目（食肉目）犬科犬属灰狼种。熊猫属于猫目（食肉目）熊科大熊猫属大熊猫种。

分类名称一般以其特征最具代表性的动物名称命名。狗、熊猫和猫都在同一个大的目类里。

说到"目"，还有兔形目、猿目（灵长目）、鼠目（啮齿目）、马目（奇蹄目）等。

牛、河马、鲸等大型动物也是同一类，它们都是鲸牛目（偶蹄目）。

①此处直译为"猫目"，实际对应生物分类学中的"食肉目"。食肉目现包含2亚目3总科11科：裂脚亚目（1.猫型总科：猫科、灵猫科、獴科、鬣狗科；2.犬型总科：犬科、熊科、浣熊科、鼬科）、鳍脚亚目（海豹总科：海狮科、海豹科、海象科）。——译者

在"目"与"科"之间其实还有一个更细一点的层级叫作"亚目"。狗是猫目（食肉目）犬型亚目犬科动物。

②现已被降级为犬型总科，为裂脚亚目下属。——译者

什么鬼！

海参和海星竟然是我的同门兄弟！惊不惊喜？意不意外？

吐槽海胆

123

常识小百科

不同寻常的星星和星座

宇宙中很多星星和星座的形状和名字都不同寻常。

集锦

不同寻常的星星

骷髅头状

形状类似骷髅头，被人们称为spooky（阴森可怖的）、万圣节小行星等。

狗骨头状

艳后星即克利奥帕特拉（著名的埃及艳后）星。科学家推测是两颗小行星撞击到一起之后形成的。

UFO状

它是土星的卫星之一土卫十八。虽然是UFO状，却被命名为"Pan（潘）[1]"。这个名字和食物可没有关系，这里指的是一位希腊神话中的神。

钻石构成的星星

"巨蟹座55E"直径是地球的两倍，它的内部主要由钻石构成。

[1] Pan日语为"パン"，与日语中"面包"发音相同。

集锦

不同寻常的星座

苍蝇座

据说因为它看起来像隔壁"变色龙座"的美食，而被改名为"苍蝇座"。

哥斯拉座

一些天体可以放射出肉眼无法察觉的伽马射线，用线把它们连接起来就是哥斯拉座。这个星座2018年由NASA[1]命名，是一个崭新的星座。

后发座

这个星座是一个由很多天体组成的星系团，成群结队的星星看起来像头发一样。不过它们排列得乱七八糟，很难辨别出星座形状。

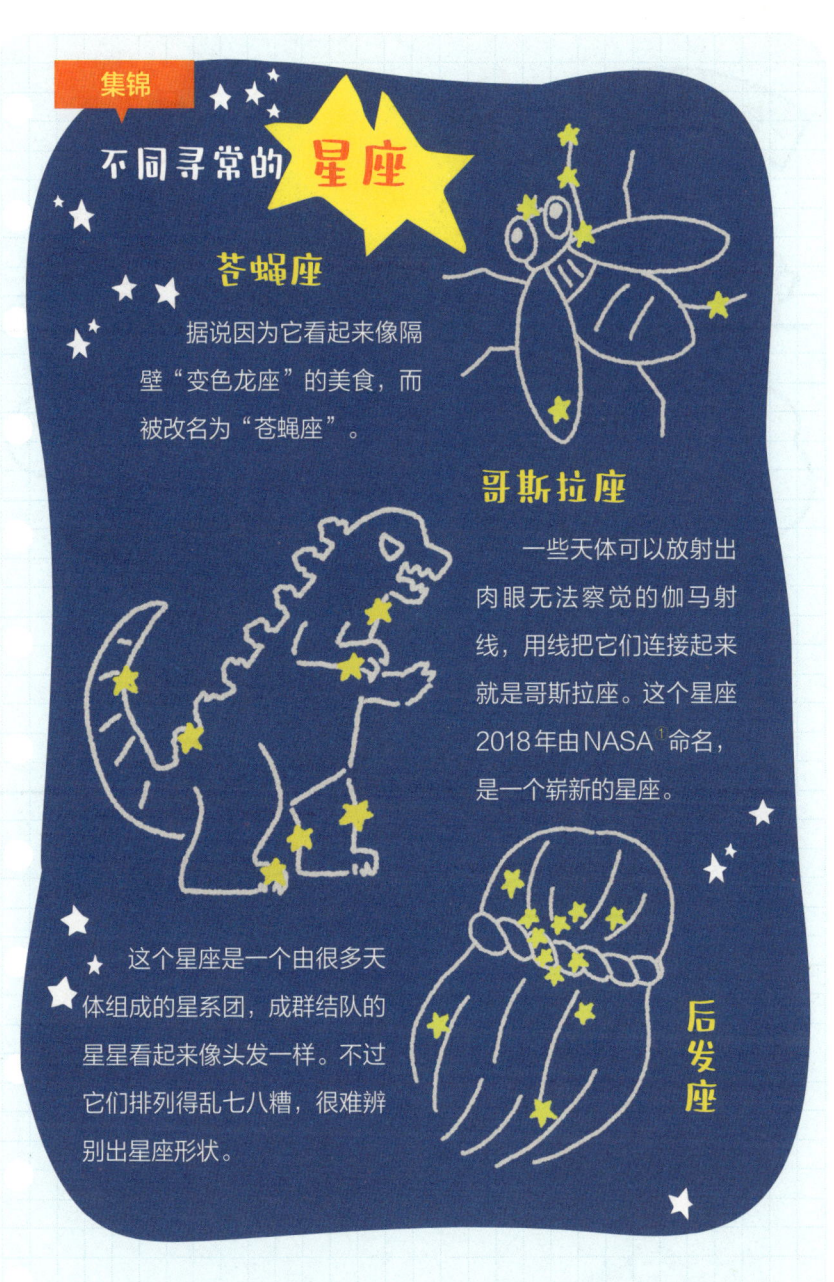

[1] NASA（美国国家航空航天局）命名的星座，并不在国际天文学联合会大会整理的88个星座之中。

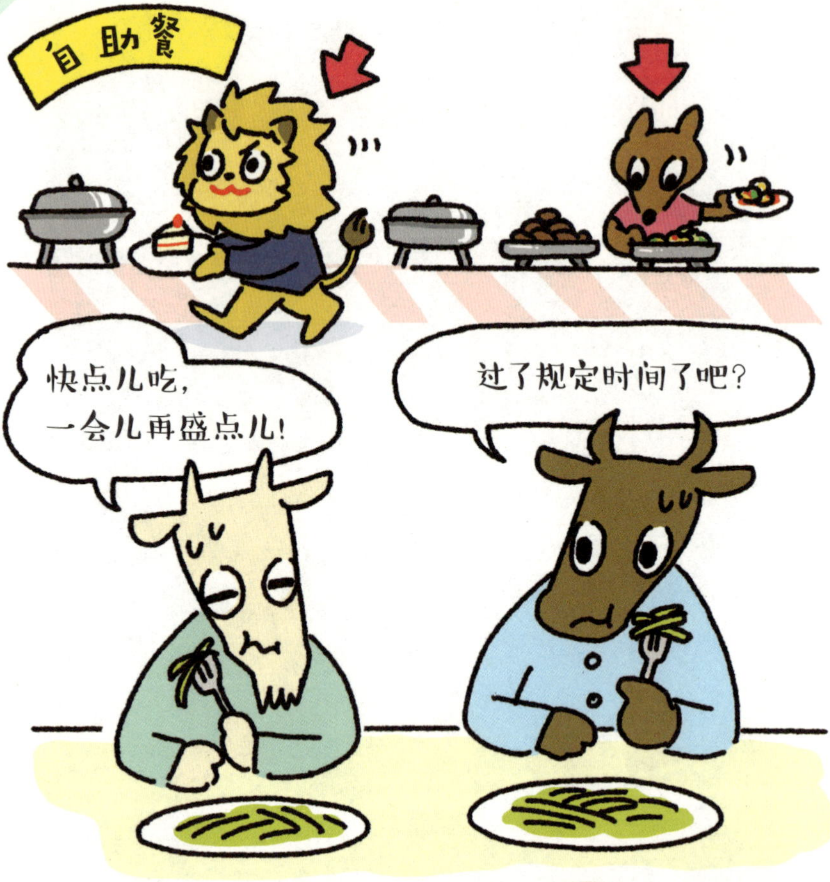

无用度 4

生物

山羊
1天15个小时
在吃饭

山羊是食草动物。你知道吗？吃草其实特别费时间，所以山羊1天15个小时以上都在吃草，去掉睡觉的时间，可以说它们整天都在吃饭。

为什么吃草那么花时间呢？因为和肉相比，消化草并从中摄取营养更费劲儿。

山羊把草吃进肚子里，经胃里的菌群半消化后，又从胃返回到嘴里再次咀嚼、磨碎，这种消化方式叫作"反刍"。反复咀嚼消化，自然费时间啦。除了山羊以外，绵羊、牛、长颈鹿等也是这样消化。

分辨是不是反刍动物可以看它的上颌是否有门牙。因为反刍时，只需要使用后面的磨牙，所以它们的上颌门牙已经退化，只有角质层硬化后形成的"齿垫"。

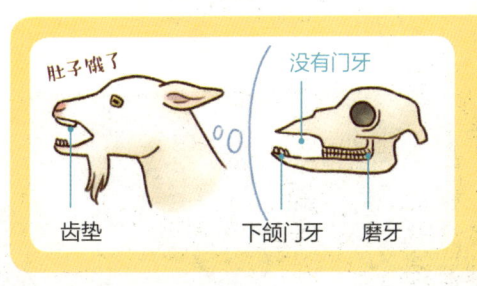

无用的科学

反刍动物上颌没有门牙。下颌长着8颗门牙，可以切断草料。切断时上颌的齿垫就相当于砧板。

肚子饿了　没有门牙

齿垫　下颌门牙　磨牙

鸟博士小课堂

山羊和绵羊虽然吃得很慢，但它们一直吃一直吃，食量相当大。

鸟博士

马铃薯的果实
与西红柿相似

无用度 4 · 自然

嘿嘿嘿……

敢吃我们，毒死你!
吼吼吼!

上面那帮家伙啊……

种马铃薯一般不用种子。春天直接把马铃薯种到土里,它就会发芽。到了秋天,下面就能长出许多新的马铃薯。这些薯块实际是由地下茎发育而成。

虽然马铃薯自身就可以长出新的马铃薯,但它也可以由种子培育出来,也会开花。有些品种还会长出像小西红柿一样的果子。

其实马铃薯和西红柿属于同一科植物,所以果实形状相似。不过,马铃薯的果实很难吃,有些品种还有毒,所以千万不要吃。

当然,果实里的种子也可以用来种植马铃薯,但播种后要等一年多才能收获新马铃薯。

直接用马铃薯种植,3~4个月就能收获,更有效率些。

无用的科学

对半切开后

我们可不是西红柿!

马铃薯的果实和西红柿很像。刚结出的果子对半切开后是绿色的,成熟后会变黄。把果实切成两半,里面也很像西红柿。

什么鬼!

还想说种子和薯块都能种,简直完美!竟然有毒!有没有搞错?!

吐槽海胆

129

小丑鱼以"大小"定性别

你最大呢!

它从今天起就是女生啦!

总觉得"她"越来越可爱了……

无用度 3

生物

小丑鱼长大后性别会发生变化。小丑鱼是群居鱼类，刚生下来时处于无性别状态，逐渐长大后，鱼群里体形最大、最结实的鱼变为雌性，第二大的变为雄性。

它们结为夫妇后开始产卵。在海洋里，小丑鱼的天敌众多，于是为了尽量多延续后代，体形最大的小丑鱼承担产卵任务。

如果雌鱼不幸死去，曾是雌鱼丈夫的雄鱼就会变为雌性。此时鱼群里体形仅次于它的鱼会变为雄性，和这只新雌鱼成为鱼群里的一对新夫妇。

小丑鱼夫妇十分恩爱，只要对方在世绝不更换伴侣。

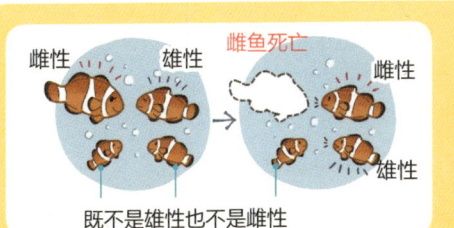

无用的科学

雌鱼死亡后，体形第二大的小丑鱼变为雌性。鱼群里的其他成员仍然处于无性别状态。

雌性 雄性 雌鱼死亡 雌性 雄性
既不是雄性也不是雌性

高度
决定性别
乃人生大事

诗人柳

乌龟太胖就缩不回龟壳里了

无用度 5

生物

我要 XL 号的龟壳!

我们这里没有……

实在抱歉!

伸出来缩不回去了……

　　乌龟的龟壳是骨骼和一部分皮肤变硬后形成的。当它们感到危险时,头和手脚会"嗖"地缩到龟壳里,以保证自身安全。

　　不过,如果它们太胖,身上很多赘肉,身体可能缩不回去,只能露在外面。

　　所以如果养乌龟当宠物,注意不要把它们养成大胖子。

猫猫名言

人类的衣服有那么多尺码,真羡慕啊!喵!

轻松猫

蟑螂无法向后退

无用度 3

生物

蟑螂实际上只能前进不会后退，所以在前面和左右都设下圈套，从后面追赶它的话，说不定很容易制服它哟。

不过蟑螂腹部后端好像传感器一样，能敏感地捕捉到空气的流动。因此它常常能迅速察觉到周围的危险。

无用的科学

什么鬼！ 听说这玩意儿被逼得走投无路还能跳起来！

吐槽海胆

兔子不啃木头
牙会不停地生长

无用度 2

生物

"在外面好好啃树枝啊！"

"我出门啦！"

兔子很喜欢啃一些人类啃不断的东西，比如树皮、硬蔬菜以及杂草等。这样它们牙齿的磨损程度与生长速度刚好抵消。

如果它们一直吃柔软的蔬菜等，牙齿磨损程度太小，就会越来越长。

牙齿如果太长，兔子嘴可能会闭不上，甚至被牙齿划伤而生病。

鸟博士小课堂

兔子的牙齿如果不啃坚硬的物体，每个月生长长度超过1厘米。

鸟博士

宇航员们在宇宙"喝尿"

无用度

天文

请循环使用水资源

水是人类生存所必需的物质。可是将水运到太空的成本很高，1升水的运输成本大约为10万元人民币。所以宇航员们喝的不是我们平时说的水，而是经过处理后的尿液。

厕所里有专门的软管回收尿液。尿液经过处理和过滤，去掉尿的成分，变为可以饮用的水。

在宇宙
尿液
也要好好利用

诗人柳

遇到危险时
水蚤会伸出触角，
但需要1天的时间

慢着！
再过1天我的触角就伸出来了！

水蚤幼虫

无语……

水蚤生活在水中，体形只有 1 ~ 2.5 毫米。

水蚤幼虫期有很多天敌，遇到危险时它会伸出头上的触角保护自己。

可惜，它伸出触角要花 1 天的时间，还必须脱皮。所以经常还没等它的触角伸出来，就被吃掉了。

什么鬼！

既然这样，你就不能一直伸着触角嘛！

吐槽海胆

花生不落到土里结不出果实

一般的植物从土里发芽向天空的方向生长。不过花生可不太一样，它开完花后结果子的部分会钻进土里，一边钻一边结果实。

花生必须往土里钻3~5厘米，土质如果太硬就很难结出果实了。目前花生结果要钻进土里的原因还没有一个明确的科学解释。

鸟博士小课堂

汉语里的"落花生[①]"就是指"在花落的土里生出的果子"。

①落花生：日文汉字中花生写作"落花生"。

科学家不为人知的遗憾 ❸
不被当世理解的遗憾！

阿基米德

过于沉浸在自己的世界而被杀

> 古希腊著名数学家、物理学家阿基米德（前287—前212），效忠于叙拉古国国王。

因重大发现 兴奋地裸奔

一次，国王命令阿基米德检测号称纯金打造的王冠里是否混入了杂质。阿基米德想要测量王冠的体积，却苦于找不到方法。

结果他在泡澡时忽然发现，物体的体积越大，溢出来的水就越多。阿基米德欣喜若狂，连衣服都没穿，光着身子往街上跑，要告诉国王他的发现。

专心搞数学 无视敌军士兵

在叙拉古与罗马发生战争时期，他制造了投石器等御敌武器，弄得罗马军队人仰马翻。

后来罗马军队成功侵入叙拉古。一位罗马士兵问阿基米德的名字，他没有回答，仍埋头于研究几何问题。士兵勃然大怒，杀了阿基米德。他生前最后一句话是："别弄坏了我画的圆！"

伽利略

伽利略·伽利雷（1564—1642），意大利天文学家。他提出地球围绕太阳公转。

惹怒教会

因观测结果怀疑"地心说"

在伽利略生活的时代，主流的天主教认为"以太阳为代表的各个天体围绕地球公转"，也就是提倡"地心说"。所以认为"地球围绕太阳公转"的"日心说"自然被认为是违背上帝的旨意，是异端邪说，不被承认。

伽利略利用自制的望远镜观察天体的运行情况，开始怀疑"地心说"的正确性。

被迫宣布放弃"日心说"

伽利略用望远镜发现了木星的 4 颗卫星。他发现除了地球以外，其他天体也有卫星围绕其公转，于是更坚持"日心说"。

但他将自己的研究结果告知教会后，受到宗教审判所的审判。

当时伽利略已经 70 岁了，他忍受不了严酷的审讯，被迫发誓说："地球没有动。"

诺贝尔

发明被用于战争

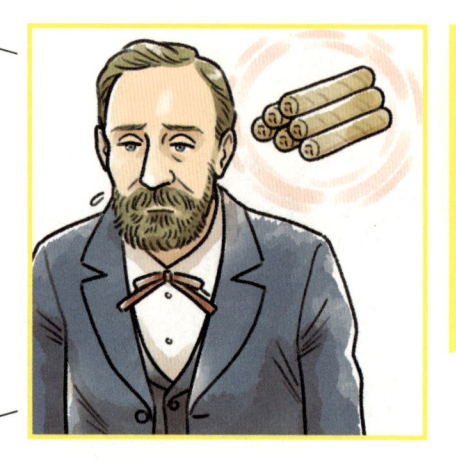

阿尔弗雷德·诺贝尔（1833—1896），瑞典发明家，发明了甘油炸药。

研究如何安全使用炸药

诺贝尔和他的父亲一起从事研制炸药的工作。他们先成功发明了硝化甘油炸药，但其破坏力极大，使用难度系数很高。诺贝尔的弟弟也在一次爆炸事故中失去了生命。

悲伤的诺贝尔并没有停下研究的脚步，他在硝化甘油中加入泥土，成功研制出爆炸力极强的炸药。他还发明了安全雷管引爆装置。

炸药被用于战争

诺贝尔发明炸药的初衷本来是用于爆破矿山、开采铁矿和煤矿。

然而炸药后来被用于战争，使得许多人失去了生命。对此，诺贝尔十分悲伤。所以临终前他留下遗言，自己的财产用于奖励对人类和平或科学进步做出卓越贡献的人。这就是我们现在熟知的"诺贝尔奖"。

4 痛苦的科学

什么是"痛苦的科学"呢?

痛苦,一想到就心情郁闷,令人悲伤不已的科学。

"痛苦"和"悲伤"到底有什么区别呢?喵!

所谓"痛苦"就是看到或听到悲伤的事情,感到心痛。

明明与自己无关,却会感到心痛,好温柔的人啊!汪!

和自己无关还痛苦,是太多愁善感了吧?

下午茶时光
结束之时
心开始隐隐作痛

这里可以看到痛苦指数!

痛苦度
- 1 略微有些痛苦
- 2 有些痛苦
- 3 比较痛苦
- 4 相当痛苦
- 5 痛苦到泪流不止

这些小知识会令你痛苦？！

自然

吃起来容易的
无籽葡萄 —148

幸运草
的秘密 —154

你了解吗？
地球的中心 —150

生物

不老不死的？！
灯塔水母 —146

种类特别多的
生物 —164

蚕
的一生 —168

游速极快
的金枪鱼 —175

天文

在宇宙流浪的
太空探测器 —144

月球
与地球间的距离 —158

闪烁的
星光 —160

1日
时长 —162

生活

梦寐以求的
时空穿梭机 —173

太空探测器发射到宇宙后不再返回地球

痛苦度 5

天文

一片寂静

人类为了探索遥远的宇宙而发射太空探测器。

太空探测器可以到达人类无法到达的地方，但<mark>维持它的正常运转，必须靠其自身携带的燃料</mark>。为了轻装上阵，尽量延长运行时间，探测器常常只有一个燃料储备箱。待燃料耗尽时，<mark>它们把最后到达目的地的数据送回地球，然后靠惯性在宇宙中飞行</mark>。也有的探测器完成任务后回到大气层（<mark>包围地球的空气层</mark>）燃烧殆尽。

日本2003年发射的行星探测器"隼鸟号"在2005年到达"小行星25143"，于2010年返回地球。它携带的样品被放置在特殊的保护胶囊中，安全着陆，而其他部分则在大气层中燃烧殆尽。

人造卫星、太空探测器、陨石等进入地球大气层后，由于飞行速度极快与空气激烈碰撞而摩擦生热，会燃烧起来。从地面看就好像流星划过天空。

痛苦的科学

鸟博士小课堂

"隼鸟号"跋涉60亿千米，终于返回地球。

鸟博士

灯塔水母
不老不死，但也不强大[1]

痛苦度 4

生物

我又"返老还童"啦！

妈妈，小心背后！

①水母为刺胞动物。在刺胞动物一个完整的生活史中，存在着一个无性生殖的水螅型阶段和一个有性生殖的水母型阶段。这两个阶段是交替出现的，称为世代交替。

在这世界上，大部分生物都会衰老，活到一定岁数就会死亡。有些生物寿命很长，以至于我们不知道自己到底活了多少年。不过竟然还有生物不受寿命限制。

有一种水母叫作"灯塔水母"。一般的水母成熟后孕育出下一代就会死亡，但灯塔水母却能"返老还童"。它们会回到幼年时期，再次生长，再生下一代……这样反复轮回，所以准确地说不是"不老"，而是重返青春时代。而其中的原因，还是个未解之谜。

不过，灯塔水母很容易被鱼类等吃掉，有时也会因"返老还童"失败而死。

或许，正是因为它弱小，大自然给了它"返老还童"的特殊恩赐吧。

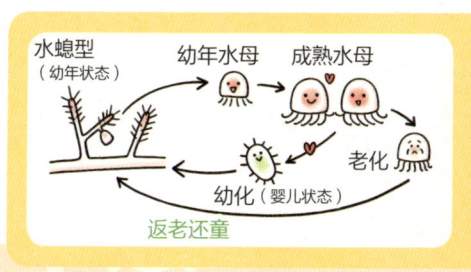

灯塔水母"年事已高"后细胞收缩成团，"返老还童"回到"水螅型"。两性繁殖出的下一代也会重新回到水螅型。

痛苦的科学

灯塔水母
水母界
返老还童的神话

诗人柳

无籽葡萄可能以为自己有种子

痛苦度 3
自然

一定要留下好种子啊!

再见!

你要长成一大片葡萄!

我会变成什么样的葡萄藤呢?

以后我也要长成一大片葡萄!

如今市场上的"无籽葡萄"越来越多。你会不会奇怪为什么没有籽还可以繁衍？其实无籽葡萄也是像普通葡萄一样由种子培育出来的。

植物能不能产生种子取决于"植物激素"。无论是植物发芽、生长还是结果，都受它控制。

而培育无籽葡萄就是使用了植物激素之一的"赤霉素"。挂果后，每串葡萄用混有"赤霉素"的水擦两次，就能培育出"无籽葡萄"啦。

名为"玫瑰露"的葡萄品种比较特殊。这种葡萄第一次擦"赤霉素"要在葡萄花马上要开之前。这样花粉不容易沾到雌蕊上，自然就结不出种子啦。在花开后葡萄粒刚长出时，再擦第二次。这样，即使没有种子，"赤霉素"也能促使葡萄粒变大。

一般情况下，雌蕊沾到花粉，胚珠发育成种子，子房发育成果实。无籽葡萄虽然没有授粉，但因"赤霉素"催化，子房仍旧可以发育成果实。

痛苦的科学

汪汪加油站

吃葡萄不吐葡萄籽，太棒了！汪汪！

鼓励狗

人类现在可以上太空，却还无法到地球中心去

顺利到达！

怎么还没钻到头？

要到我的中心还得继续努力！

我很硬吧？

鸟博士小课堂

到目前为止，人类挖掘最深的钻井在俄罗斯，深度达 12 千米。

鸟博士

痛苦度 5

自然

不少人想这辈子一定要上一次太空。其实太空离我们不太远，从地面向上 100 千米左右就能到达太空。

倒是地球的中心比宇宙更加遥远，从地面向下到地球中心大约有 6400 千米。目前，人类挖掘最深钻井的深度也只有 12 千米左右。

为什么进展如此缓慢呢？第一个原因是地壳中的岩石异常坚硬，挖掘难度大。第二个原因是钻井深度越大，受到四周的压力越大，很容易塌陷。第三个原因是越靠近地球中心，温度越高。挖掘到地下 12 千米温度已经达到了 180℃。如果真挖到地球中心，温度将达 6000℃，如此高温，挖掘设备将会瞬间熔化。

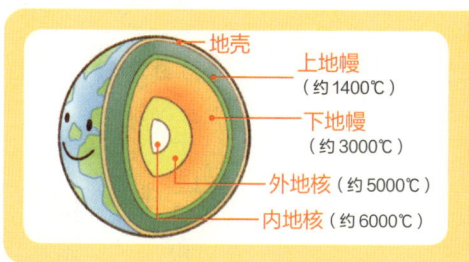

痛苦的科学

- 地壳
- 上地幔（约 1400℃）
- 下地幔（约 3000℃）
- 外地核（约 5000℃）
- 内地核（约 6000℃）

人类生活在地球表面，也就是"地壳"上。往下是由岩石构成的"地幔"，再往下是由铁构成的"地核"（外地核及内地核）。越深入地球中心，温度越高。

病毒没有确切的分类

感冒时，我们会打喷嚏、咳嗽，甚至发高烧。这些症状都是病毒侵入人体导致的。此时我们的身体正在大战病毒，要把它们驱逐出去。

病毒和我们此前提到的"菌类"还有区别。菌类和病毒都是肉眼无法发现的微小物质。病毒比菌还小，只有它的五十分之一左右。

我们身体的基本构成单元是细胞。一般拥有细胞的物体被认为是"生物"。菌类有细胞，病毒则没有细胞。所以一般情况下病毒不被当作一种生物。

不过，病毒拥有"遗传基因"，可以把自身信息遗传给下一代，所以又不能说它们不是生物。是不是很神奇？

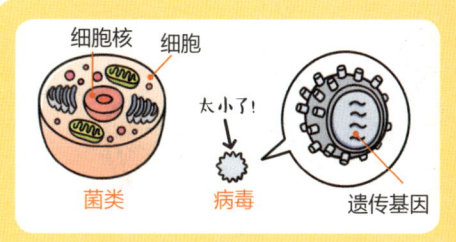

细胞核　细胞　　　　　　　　　　细胞由细胞核等许多
　　　　　　太小了！　　　　　　部分组成，外表包裹着细
　　　　　　　　　　遗传基因　　胞膜。菌类有细胞，病毒
菌类　　　病毒　　　　　　　　　只有遗传基因。

鸟博士小课堂

病毒虽小，但它们侵入细胞后会爆发性增长。

鸟博士

痛苦的科学

153

幸运的四叶草可能是**被踩出来的**

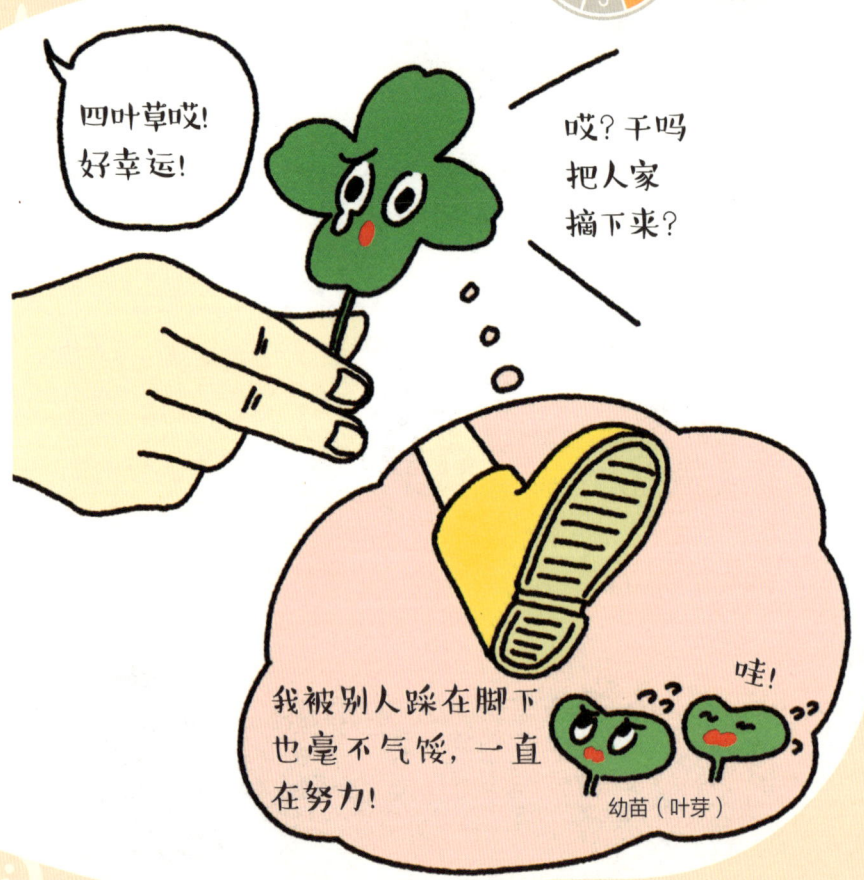

痛苦度 4

自然

四叶草哎！好幸运！

哎？干吗把人家摘下来？

我被别人踩在脚下也毫不气馁，一直在努力！

哇！

幼苗（叶芽）

传说如果能在三叶草中找到一株长着四片叶子的四叶草，就能得到幸福。你有没有奇怪，为什么三叶草会长出四片叶子呢？

三叶草原本都只有三片叶子。在幼苗（叶芽）时期，被人踩踏或者其他一些原因致使它受伤，伤口处就会分化成两片叶子，这样就变成"四叶草"了。

公园或学校等地方的四叶草比人迹罕至的草地上多得多。因为在这里更容易被踩踏。

另外，如果一条根茎上有一株四叶草，它会向外传递信息，同一根茎上的其他三叶草也很有可能变成四叶草。

所以如果找到一株四叶草，在它的附近找找看，说不定能发现好多四叶草。

三叶草长叶子的"叶芽"分开成三部分长成三片叶子。受到踩踏等外力后，叶芽如果分化成四部分，就会长出四片叶子。

幸运的四叶草
其实遭遇了
不幸

诗人柳

痛苦的科学

155

常识小百科

有些可怕的科学知识

下面介绍一些可怕的科学知识，说不定这些事就发生在你身边！

有一种病得了再也睡不着觉了

可怕……

有一种脑部疾病叫作"致死性家族性失眠症"。发病后患者想睡觉却无法入眠，最终因身体抵抗力下降而死亡。目前对该病尚无有效的预防或治疗方法。

雪崩和特快列车的速度差不多

可怕

冲冲冲！啊啊啊！

雪崩时的最高时速超过200千米，和特快列车的速度差不多。发生大规模雪崩时，山坡上的冰雪甚至会向下移动2～3千米。

吃蛞蝓可能会死

蛞蝓体内的寄生虫会损害人脑，甚至导致死亡。一般情况下，这些寄生虫加热后就会死亡。即便如此，还是少吃蛞蝓。

在生命的尽头，太阳会膨胀并吞噬地球

在太阳生命的尽头，它的体积会迅速膨胀并吞噬掉我们的地球家园。不过这是 50 亿年后的事情，现在担心还为时过早。

月亮离我们比你想象的还要远

再过几天才能到月亮上……

永别了……

到底要哭哭啼啼地"永别"到什么时候……

辉夜姬!!

她再也不会回来了!

痛苦度 4

天文

你听说过"辉夜姬"[1]的故事吗？故事的最后，辉夜姬回到了故乡月亮。不过，其实月亮和地球之间比我们想象的遥远多了。

这段距离大约是 38.44 万千米。时速 300 千米的新干线列车需要走 53 天，时速 1000 千米的飞机大约需要 17 天。

如果把地球比作足球，月亮就只有网球那么大，它们之间的距离约为 6.6 米，大概就是学校教室门口到窗户的距离。

顺便说一下，1969 年成功登月的宇宙飞船"阿波罗 11 号"飞行了 4 天才最终登上月球。除非辉夜姬坐火箭，不然她回自己的故乡月亮也不太容易。

[1] 辉夜姬是日本最古老的物语文学作品《竹取物语》中一位来自月亮的天女。她因未知的罪名被贬入凡间，降生于一片竹林之中。一位善良的伐竹翁发现了她并把她带回家养育成人。《竹取物语》以辉夜诞生、求婚难题、升天归月三部分讲述了她在人世间的故事。

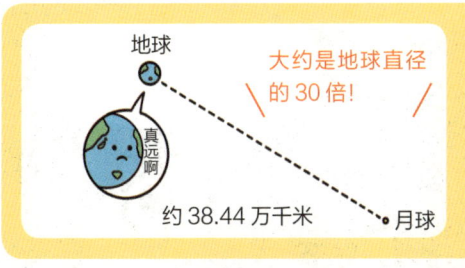

地球和月亮之间的距离大约是地球直径的 30 倍。地球到太阳的距离就更遥远了，大约是 1.5 亿千米。这相当于 1 万多个地球的直径。

地球 大约是地球直径的 30 倍！
真远啊
约 38.44 万千米 月球

什么鬼！

辉夜姬要是真坐火箭，估计也听不到离别的声音吧！

吐槽海胆

痛苦的科学

你现在看到的星星可能已经消失了

参宿四已经不在了！

在640年前……

痛苦度 5

天文

在冬季的夜空中，有一个著名的星座"猎户座"。"猎户座"里有一颗闪烁着耀眼光芒的红色星星，它就是参宿四（参宿第四星），又称猎户座 α 星。

参宿四已经有 1000 万岁左右了，算是恒星里的"老年人"。恒星也是有寿命的，到了晚年最终会爆炸消失。科学家们认为参宿四可能已经消失了。

科学家们认为"可能消失"而不是"已经消失"，是因为参宿四发出的光到达地球需要 640 年。现在我们看到的星光是它在 640 年前发出的。所以就算现在立刻爆炸，我们要发现也是在 640 年以后了。

科学家们推测，参宿四爆炸后，我们会持续三个月在白天看到它闪烁光芒。

大部分恒星离地球十分遥远，它们现在到底处于什么状态我们并不十分清楚。

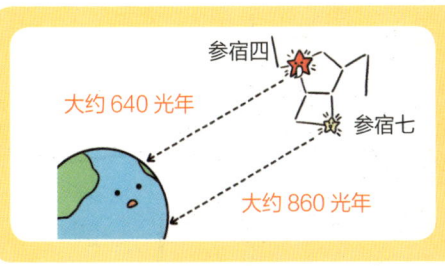

参宿四
大约 640 光年
参宿七
大约 860 光年

地球与参宿四的距离为 640 光年。与同属于猎户座的参宿七距离为 860 光年。即使属于同一个星座的恒星，它们和地球之间的距离也不尽相同。

痛苦的科学

猫猫名言

原来现在看到的星光都是很久以前的啊！喵！

轻松猫

① 1 光年指的是光在真空中 1 年内走过的路程。光速大约为 30 万千米/秒。

地球刚诞生时
1天只有5小时

痛苦度 3

天文

1天太短暂了，没有时间好好欣赏美景……

"地球自转"是指地球围绕地轴[1]旋转。地球自转1周大约为24小时，也就是1天。我们住的地方转到朝向太阳一边时就是白天，背对太阳时就是黑夜。

　　46亿年前，地球刚诞生，1天只有5个小时。也就是说地球自转一周只需要5小时。早晨太阳公公刚出来1个多小时就到了中午，3个小时后就快到第二天早晨了。

　　幸亏那时候地球上还没有生物，不然一天过得这么快，该头晕了吧。

　　到了距今44亿年前，来自月球的引力促使地球自转速度减缓，越来越慢。到了3亿年前，1天变成22小时。月球引力引发潮汐，增加了摩擦力，地球自转因此逐渐变慢。

①地轴是指地球自转所绕的假想轴，是连接北极与南极的线。

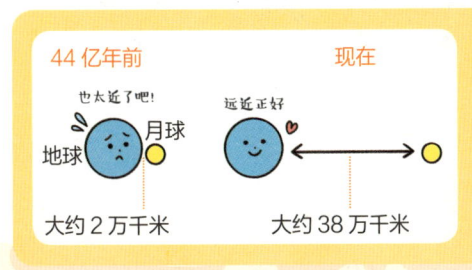

44亿年前	现在
也太近了吧！	远近正好
地球　月球	
大约2万千米	大约38万千米

现在，月球和地球之间的距离约为38万千米。来自月球的引力与地球自转的力抗衡，月球正以每年3.8千米的速度远离地球。

痛苦的科学

鸟博士小课堂
现在地球自转仍然以每5万年1秒的速度变慢。

鸟博士

还有很多生物
尚未被发现

现在仍然有很多未知生物尚未确认。目前全世界每年新发现的物种超过两万种。

不过，现在很少发现新的哺乳类和鸟类了。因为哺乳类和鸟类很容易找到，所以基本上发现得差不多了。

如果你也想寻找新物种，不妨看看昆虫。现在已被命名的昆虫大约有100万种，科学家们预测，地球上一共有600多万种。地球上的所有物种中，种类最多的其实就是昆虫了。

不过，确认发现的生物是否为新物种非常烦琐，必须查遍全世界的绘本，确认没有被别人发现才能被认定是新物种。

目前已发现	哺乳类	鸟类	爬虫类	两栖类	昆虫类
	6000	9000	8000	6000	100万
	▼	▼	▼	▼	▼
全部？	6000	9000	1万	1.2万	600万

据推测，青蛙和蝾螈等两栖类动物共有约1.2万种，现在只发现了其中的一半。目前，还有约500万种昆虫尚未发现。

痛苦的科学

汪汪加油站

有的动物是不是还没发现就已经灭绝了？汪！

鼓励狗

165

从宇宙的角度看，地球被**垃圾覆盖**

痛苦度 5

天文

咻

喂……扔垃圾也要遵守规定好不好……

痛苦

现在，宇宙中有数不清的"垃圾"，在以每秒约 3～8 千米的速度（新干线列车速度的 100 倍）绕地球飞行。它们就是"太空垃圾"，英文被称为"space debris"。如此高速运动，即使只有 1 毫米大小，撞到也会受到强大的冲击。

这些太空垃圾基本是超过服役年限或者有故障的人造卫星以及发射到太空的火箭碎片。据科学家推测，小残渣也算在内的话，目前太空垃圾大约有 1 亿个以上。

以目前的技术，回收太空垃圾异常困难。目前的一般做法是尽量减少无用的设计，让它们进入大气层后更容易因高温自燃。

太空垃圾
(space debris)

宇宙中的垃圾相互碰撞，垃圾越来越多。它们有可能冲撞人造卫星和国际空间站，造成重大事故。

禁止乱扔
太空垃圾
如此甚好

诗人柳

痛苦的科学

有的虫子成年后不再进食，直到死去

咕噜噜

咕噜噜……　　　咕噜噜……

痛苦度 5

生物

汪汪加油站

为人类而努力的虫子，真够伟大的！汪！

鼓励狗

蚕蛾是蛾的一种。它在幼虫时期就是我们所谓的"家蚕"。这种品种经过人工改良，吐出的丝可以用来织丝绸，所以没有野生家蚕。

幼虫期的蚕宝宝没办法自己找到食物。它们的身体白白胖胖的，十分显眼，很容易被天敌吃掉，因此如果没有人类照顾是绝对无法生存的。

家蚕的一生有 50～60 天。蚕卵孵出幼虫后，反复脱几次皮，结茧成蚕蛹。蚕蛹在蚕茧中变成蚕蛾。

蚕蛾虽然有翅膀却无法飞翔，有嘴不能进食。它们进入成虫期只有一个目的，就是留下子孙后代。成熟期的雄性蚕蛾和雌性蚕蛾交配后产下蚕卵，不吃不喝仅仅两周时间就会死亡。

大部分家蚕都会死在蚕茧期，蚕丝被人取走。

家蚕的一生

- 羽化：交配、产卵蚕卵（1～3天）
- 蚕卵（12天）
- 孵化
- 幼虫（22天）
- 结茧（2天）
- 蚕蛾（12天）

在幼虫期，蚕宝宝们会狼吞虎咽地啃食桑叶。出生后一周就能吃掉一生 80% 的食物。之后开始吐丝做茧化为蚕蛹。

痛苦的科学

永远无法到达
宇宙的尽头

太棒了!
终于到目的地啦!

哎……?

痛苦度
3

天文

所谓宇宙
没有尽头
徒增惆然

诗人柳

你有没有好奇过，宇宙的尽头到底在哪里？

现在在地球上观测到的宇宙边缘在距地球约 464 亿光年之处。比那里更远的地方没有光，所以还观测不到。虽然观测不到，但那里应该还不是宇宙的尽头。

距今 138 亿年前，宇宙诞生。宇宙诞生后以极快的速度膨胀。膨胀速度比光速还快。从此以后宇宙的范围不断蔓延。宇宙的尽头不断延伸，而且是没有光的黑暗世界，所以要到达宇宙尽头十分困难。

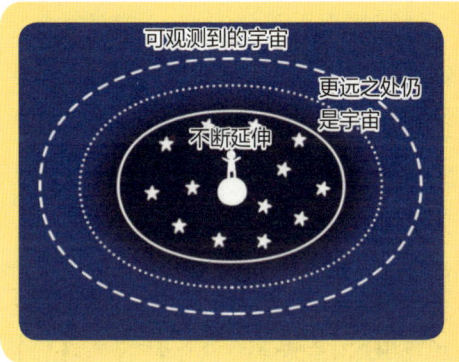

可观测到的宇宙

更远之处仍是宇宙

不断延伸

在地球上观测到，光可达到的范围是 464 亿光年。更远的范围仍然是宇宙，是我们"观测不到的宇宙"。宇宙现在仍然在不断延伸。

痛苦的科学

把瓢虫放到跷跷板上，它也永远飞不起来

瓢虫总是向着太阳的方向爬，爬到顶点后展翅飞向天空，因此被叫作"天道虫[①]"。它的习性就是停在草等物体上，然后沿着这些物体不断向高处爬。

如果把瓢虫放到跷跷板上，它会努力顺着跷跷板向高处爬，以方便起飞。可是如果爬到高处时高的一头落下来位置变低，它会重新开始向高处爬，如此反复。

① "天道虫"为日文汉字，日语中是"瓢虫"的意思。

汪汪加油站

无论重复几次，始终不忘初心，精神可嘉！汪！

鼓励狗

时空穿梭机可以穿越到未来，但无法回到过去

未来

无法回到过去？也没告诉我啊！

生活

　　不远的未来，说不定我们可以坐上"时空穿梭机"穿越到未来。因为当物体的速度接近光速时，时间流逝就会减慢[1]。比如乘坐时速 200 千米以上的新干线列车行驶 1000 千米以上的话，就能"穿越"到几亿分之一秒的未来世界。速度不断加快，我们就可以真正到达未来啦。

　　可是到目前为止，人类还没有找到回到过去的方法。

[1] 详情参见科学家爱因斯坦的"狭义相对论"。

痛苦的科学

鸟博士小课堂

　　光速为 30 万千米/秒，想要真正到达遥远的未来尚需努力。

鸟博士

有的生物
一辈子只有三天

痛苦度 5

生物

居住在海里的浮游生物尾海鞘纲的大小只有几毫米。它们状如蝌蚪，拖着一条尾巴游来游去。

一般的浮游生物寿命只有几周到几个月，尾海鞘纲更短，并且与水温息息相关。温度为15℃时，它们能活7天，19℃时5天，25℃时只有3天寿命。

汪汪加油站

一辈子只有3天，每一秒都要认真活着呀！汪！

鼓励狗

金枪鱼停下就会死

痛苦度 3

生物

> 你超速了！快停下！
> 哔哔！
> 莫要害我性命！
> 听你的，我连小命都不保！

哺乳类动物通过肺吸入空气，而鱼类则不同，它们是通过鳃的开合从水中获取氧气。

不过金枪鱼的鳃不能动，所以它们张着嘴游动，不断喝水，从水中获取氧气。

如果它们不游泳就无法获取氧气，自然小命不保啦。

痛苦的科学

金枪鱼们
游泳
关乎性命

诗人柳

科学家不小心的大发现

固特异

打盹儿时偶然发现

查尔斯·固特异（1800—1860），美国发明家，改良橡胶以便于工业使用。

借钱研究橡胶

在当时，橡胶对温度过于敏感，夏天变软变黏，冬天变硬变脆，难以使用。

固特异不断反复实验，想要做出不易变化的橡胶，但都失败了。

他的研究经费是借来的，多次失败后无法还债，还被送进过监狱。尽管如此，他仍然坚持继续研究。

研究累了，打盹时……

有一次，固特异穿着橡胶做的长筒靴在火炉边打盹儿，不小心沾到了实验中用到的硫黄。

此时他发现这双橡胶靴变结实了，且橡胶的延展性也变强了。于是他领悟到，先加入硫黄再加热橡胶就变得对温度不那么敏感。从此橡胶广泛运用于工业生产中。

弗莱明

亚历山大·弗莱明（1881—1955），英国细菌学家。发现了有杀菌作用的抗生素"青霉素"。

打喷嚏有了大发现

打喷嚏发现可以杀菌的物质

弗莱明是世界上第一个发现了具有杀菌作用的抗生素的人。不过这也是他"不小心"发现的。

有一次，弗莱明不小心在细菌培养皿上方打了个喷嚏。结果几天后，溅到唾液的地方附近的细菌竟然消失了。接着，他发现唾液里含有杀菌物质"溶菌酶"。

首先发现抗生素

还有一次，弗莱明因生病好几天没有做实验，结果发现细菌培养皿上面长了霉斑。他仔细研究后发现，霉斑周围的细菌竟然全部消失。原来霉斑里含有的青霉素杀死了细菌。

如今，作为一种抗生素，青霉素被广泛应用于医疗领域。而"溶菌酶"也作为一种抗菌剂，被添加到食品中。

屋井先藏

因为迟到了5分钟

屋井先藏（1864—1927），日本发明家，是日本最早发明电池表及世界最早发明干电池的人。

不知道正确的时间而迟到

先藏从15岁开始就在钟表行当学徒打杂，逐渐对机械产生兴趣。

于是他决定进入高中进一步学习相关知识。可是在考试当天，他因为表没有调准而迟到了5分钟，无法参加考试。那时候钟表基本都是发条式的，所以当然会出现不同表时间不同的情况。

用电力驱动手表发明干电池

先藏当然很不甘心，于是他想要用电为表提供动力，这样就不用不断校准手表的时间了。经过反复研究，他终于做出了可连续运行的电池表。然而当时供电的液体电池有很多缺点，比如冬天液体冻结、液体外溢等。

先藏又进一步研究，到了1887年，终于发明出了液体不外溢的、世界上最早的干电池。

搞笑诺贝尔奖 获奖作品

能逗乐你就算有点儿用!

笑一笑,十年少。下面给大家介绍几个"搞笑诺贝尔奖"获奖作品。

什么是"搞笑诺贝尔奖"?

"搞笑诺贝尔奖"是对诺贝尔奖的有趣模仿。其目的是选出那些"乍看之下令人发笑,之后发人深省"的研究。每年秋天颁奖,日本也多次获得该奖项。

香蕉皮 **特别滑**

果然很滑

某位日本大学教授因证明"放一个香蕉皮在地上,皮内侧朝下,踩上去比没有香蕉皮时滑6倍"而获奖。

鸡竟然也是 **"颜控"**

咯咯咯

某科学家在研究"鸡看到不同的人的反应"发现,对于人类认为是"美女"或"帅哥"的人,鸡的反应也更加强烈。

哺乳动物尿尿时长 21 秒

解放啦……

某科学家发现哺乳动物无论体形大小，上厕所时间基本都是 21 秒。老鼠和大象尿尿的时间差不多。动物体形小，尿也少；体形大尿也多。

防止屁臭味扩散的"防屁内裤"

某科学家发明出一种内裤，人穿上它后放出屁的臭味可被吸收。裤内设有过滤气味的含碳过滤垫，还可以定期更换。

一点儿也不臭！

噗噗

"逃跑"闹钟非常适合早上起不来床的人。因为一到设定的时间,它就会边到处跑边响,所以你只能从床上爬起来追它啦。

发明"逃跑闹钟"

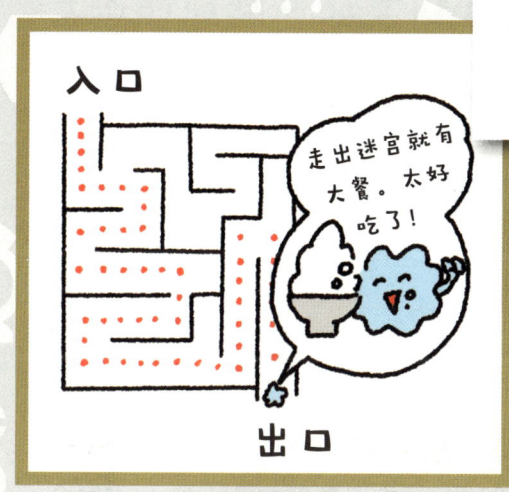

无脑黏菌竟会走迷宫

黏菌是一种"单细胞生物",顾名思义,只有一个细胞构成。把黏菌放到迷宫入口里,出口放上黏菌们喜爱的食物,它们就可以找到觅食的最短路径。

觉得自己脚臭的人**脚很臭**

一位日本公司的研究员研究出引起脚臭的物质而获奖。他还发现认为自己脚不臭的人，脚确实不臭。

> 人家是香公主！

> 我的蛋糕是不是有点儿小？

头朝下从两腿间颠倒着看东西**比实际小**

头朝下从两腿间颠倒着看东西，人会丧失判断远近的能力，离自己远的东西也觉得近在眼前。也就是会有种错觉，眼前的物体离自己很近但是很小。

迄今为止，"搞笑诺贝尔学奖"已经举办了 28 届，日本人在其中 21 届中都有获奖。

图书在版编目（CIP）数据

奇奇怪怪的科学 / （日）左卷健男主编；王倩倩译. —北京：北京时代华文书局，2023.5
ISBN 978-7-5699-4965-0

Ⅰ. ①奇… Ⅱ. ①左… ②王… Ⅲ. ①科学知识－普及读物 Ⅳ. ①Z228

中国国家版本馆CIP数据核字(2023)第063450号

北京市版权局著作权合同登记号 图字：01-2020-2955

SEKAI ICHI TOHOHO NA KAGAKU JITEN
Copyright © Akiko Matsuda 2019
All rights reserved.
First original Japanese edition published by SEITO-SHA Co.,Ltd. Japan
Chinese (in simplified character only) translation rights arranged with SEITO-SHA Co.,Ltd. Japan
through CREEK & RIVER Co., Ltd. and CREEK & RIVER SHANGHAI Co., Ltd.
日文版制作工作人员名单：
插图：德永明子、貫木まいこ、シロシオ、みゃーぎ
内文设计：村口敬太（Linon）、村口千寻（Linon）、藤井学
协助编辑、写作：松田明子、池田圭一、竹内美惠子

拼音书名｜QIQI GUAIGUAI DE KEXUE

出 版 人｜陈 涛
策划编辑｜邢 楠
责任编辑｜邢 楠
责任校对｜王翰冰
装帧设计｜今亮后声 孙丽莉
责任印制｜刘 银 訾 敬

出版发行｜北京时代华文书局 http://www.bjsdsj.com.cn
　　　　　北京市东城区安定门外大街138号皇城国际大厦A座8层
　　　　　邮编：100011 电话：010-64263661 64261528
印　　刷｜河北京平诚乾印刷有限公司　电话：010-60247905
　　　　　（如发现印装质量问题，请与印刷厂联系调换）
开　　本｜880 mm×1230 mm　1/32　印 张｜6　字 数｜140千字
版　　次｜2023年7月第1版　　　　　印 次｜2023年7月第1次印刷
成品尺寸｜145 mm×210 mm
定　　价｜49.80元

版权所有，侵权必究